Dominique Vian et Quenti

Effectual Impact

Partir de soi pour changer le monde à son échelle avec les méthodes effectuales

Remerciements

Nous remercions Valentine Desbrosses pour les illustrations de ce ce livre. Nous remercions aussi tous ceux qui nous ont encouragés à écrire ce livre et qui nous ont soutenus. Enfin, un grand merci à Bertrand Lenoir pour sa relecture attentive.

Table des matières

Préface de Philippe Silberzahn — page 07

Préambule — page 10

Introduction — page 17

Partie 1. Cas d'applications des méthodes effectuales — page 30

    1.1. Cas d'applications à l'identité - Pour partir de soi — page 30

    1.1.1. Comment traduire sa surcapacité pour changer le monde à son échelle ? — page 30

    1.1.2. Partir de soi pour entreprendre de concilier liberté financière et épanouissement — page 36

    1.2. Cas d'applications aux situations complexes et incertaines - Pour changer le monde — page 40

Qu'est-ce que ce QR Code ?

C'est un lien vers des pages web contenant les références et ressources complémentaires que vous retrouverez pour chaque partie du livre. Des ressources seront ajoutées régulièrement. Si vous souhaitez être prévenu, le plus simple est de renseigner votre e-mail sur la page accessible grâce à ce QR Code.

Préface de Philippe Silberzahn

Comment les entrepreneurs arrivent-ils à créer de nouveaux produits, de nouveaux marchés et de nouvelles organisations, et à transformer le monde ? Pendant longtemps, la réponse semblait évidente : les entrepreneurs sont des gens exceptionnels, des super-héros dotés de capacités extraordinaires, visionnaires, charismatiques, capables d'entraîner le commun des mortels dans des tâches surhumaines. Le processus entrepreneurial lui-même reflétait cette vision : tout commence par la perception d'une opportunité par un entrepreneur particulièrement alerte ; puis l'entrepreneur conçoit une grande idée pour exploiter cette opportunité, développe un plan d'action avec des objectifs clairs pour la réaliser, et soumet ce plan à des investisseurs pour lever des fonds. Une fois cela fait, l'entrepreneur met en œuvre le plan qui se traduit soit par la réussite et la croissance, soit par l'échec.

La seule difficulté avec ce modèle logique et donc séduisant, c'est qu'il ne correspond en général pas à ce qu'on observe en réalité ! C'est pourtant le modèle dominant qui est enseigné dans les écoles de commerce, les universités et les incubateurs.

Il y a vingt ans, Saras Sarasvathy, alors jeune chercheuse indienne émigrée aux États-Unis, elle-même ancienne entrepreneuse et consciente des limites du modèle, décide de tout reprendre à zéro pour comprendre comment les entrepreneurs raisonnent et agissent vraiment. Élève d'Herbert Simon, prix Nobel d'économie, Sarasvathy met au point un protocole. Elle choisit 45 entrepreneurs relativement anonymes mais ayant chacun connu plusieurs réussites entrepreneuriales indéniables. Elle leur soumet des problèmes ou situations typiques que rencontrent les entrepreneurs, et leur demande de réfléchir à haute voix lorsqu'ils les résolvent. En les écoutant, elle identifie cinq principes que ces entrepreneurs appliquent systématiquement, sans en être nécessairement conscients : Démarrer avec ce qu'on a, Agir en perte acceptable, Obtenir des engagements, Tirer parti des surprises, et Être le pilote dans l'avion.

Ces principes forment la base de ce qu'elle va appeler « Effectuation », la logique des entrepreneurs experts. L'Effectuation permet enfin de parler de l'entrepreneuriat tel qu'il se fait, et non tel qu'on se le représente, tel qu'on aimerait qu'il soit ou même tel que les entrepreneurs nous le décrivent.

Vingt ans après les premiers travaux de Sarasvathy, l'Effectuation est désormais une réalité. Le nombre d'articles traitant du sujet dans les publications académiques internationales est considérable, et elle est désormais enseignée dans les grandes écoles et les universités, même si les progrès sont encore trop timides, tant reste fort l'attrait du modèle dominant. De plus en plus d'entreprises utilisent l'Effectuation dans leur démarche d'innovation ; certaines, qui sont pionnières, l'intègrent même dans leur modèle de leadership.

Depuis longtemps cependant, il manquait une brique à l'édifice, celle de la méthode. Les principes sont simples à comprendre, beaucoup d'entrepreneurs s'y reconnaissent, mais comment les appliquer de façon structurée pour avoir un véritable impact ? C'est ici que le présent ouvrage prend tout son sens. Dominique Vian et Quentin Tousart travaillent aux côtés d'innovateurs et d'entrepreneurs. Dominique a su mobiliser les principes dans différents domaines pour en systématiser des applications depuis longtemps, grâce à différents contributeurs dont Quentin fait partie. Ses méthodes reposent sur une idée, permettre de faire émerger des possibilités non visibles a priori. Cette ouverture des possibles est tout à fait dans l'esprit de l'Effectuation.

Il est grand temps que l'Effectuation se traduise dans des méthodes permettant une certaine systématisation. L'ouvrage de Dominique Vian et Quentin Tousart est une étape importante dans cette direction.

Préambule

La théorie de l'Effectuation est née en 2001, des travaux de Saras Sarasvathy, chercheuse de l'Université Darden de Virginie.

Depuis, que s'est-il passé ? Plus de 700 articles de recherche ont été publiés, et l'Effectuation commence à être enseignée dans les plus grandes universités du monde.

Selon cette théorie, les entrepreneurs réussissent en se basant sur ce qu'ils savent déjà, sur les ressources dont ils disposent, et sur les relations qu'ils ont déjà établies, plutôt que sur des prévisions et des analyses de marché. Cela leur permet d'être plus agiles et de faire face très vite aux variations de leur environnement.

Figure 1 : L'entrepreneur éclaire son chemin en s'appuyant sur son identité, son savoir et ses réseaux.

En cherchant à comprendre comment raisonnent les entrepreneurs à succès et notamment comment ils prennent des décisions dans un contexte d'incertitude, **Saras Sarasvathy a mis en lumière 5 principes d'actions :**

Principe 1 : Un tiens vaut mieux que 2 tu l'auras

Faire ce qui se peut avec ce que j'ai. Les entrepreneurs réussissent en se basant sur ce qu'ils savent déjà, sur les ressources dont ils disposent, et sur les relations qu'ils ont déjà établies, plutôt que sur des prévisions et des analyses de marché complexes.

Principe 2 : La perte maximum acceptable

Faire ce que je peux me permettre de perdre. Ne sachant pas à l'avance ce qu'il peut gagner, un entrepreneur expert cherche à déterminer ce qu'il est prêt à perdre avant d'engager des moyens.

Principe 3 : Le patchwork fou

Faire ce que nous voulons. L'entrepreneur expert agrège des ressources autour de son projet en engageant les parties prenantes, lesquelles lui apportent de nouveaux moyens.

Principe 4 : Tirer parti des surprises

Faire en tirant partie de ce qui m'arrive. L'entrepreneur expert est capable de faire évoluer le but qu'il s'est fixé en fonction des situations qu'il va rencontrer en chemin. Ces surprises constitueront de nouvelles ressources ou de nouvelles opportunités.

Principe 5 : Le pilote dans l'avion

Faire ce qui développe mon projet. Plutôt que prédire le futur, l'entrepreneur expert cherche à le co-créer sans subir.

La théorie de l'Effectuation constitue un véritable changement de paradigme dans le champ de l'entrepreneuriat. Cependant, une rupture de cette ampleur prend du temps pour s'établir comme la nouvelle norme. Il faut pour cela qu'elle soit largement enseignée, ce qui peut prendre plusieurs décennies.

A titre de comparaison, une rupture conceptuelle autant que technologique comme Internet, développé dans les années 70, a vraiment explosé dans les années 2000. De même, le prix Nobel de Physique 2022 a récompensé Alain Aspect pour des travaux menés quelques 40 ans plus tôt. Avec l'Effectuation, nous sommes probablement dans cette situation.

Le passage des 5 principes aux méthodes effectuales s'explique par une volonté de Dominique Vian d'élargir la logique moyen-effet en la systématisant.

Mais pourquoi systématiser ?

Les méthodes effectuales proposent une façon de réfléchir, de raisonner, visant à résoudre des problèmes en situation d'incertitude.

Elles sont effectuales puisqu'elles se basent sur la logique moyen-effet et non pas la logique fin-moyen. En d'autres termes, elles partent du présent et des moyens dont on dispose pour en déduire des choses réalisables. C'est l'inverse du rétro planning qui part de l'objectif, nécessairement dans le futur, ce qui, en situation d'incertitude, se conçoit et fonctionne mal.

Ces méthodes permettent d'identifier des leviers d'actions au sein d'une situation complexe. Mobilisant l'Effectuation, elles permettent de rechercher des actions pour lesquelles nous avons des moyens suffisants, et visent à trouver des actions satisfaisantes qui font a minima progresser la situation.

Depuis 2013 sont nées les 6 premières méthodes effectuales appliquées à différentes situations d'innovation, de connaissance de son identité, ou de problèmes complexes :

- ISMA360 TM (2003 - Auteur Dominique Vian[1])
- FOCAL (2015 - Auteurs Dominique Vian et Christophe Sempels)
- ISMA Talents TM (2012 - Auteur Dominique Vian[2])
- Space setting (2020 - Auteurs Dominique Vian et Mathilde Gaulle)
- Effectual goals (2022 - Auteurs Dominique Vian et Quentin Tousart).

Ce livre vous présente ces méthodes. Il en extrait les clés afin que vous puissiez vous en saisir et changer le monde à votre échelle.

---

[1] ™ SKEMA Business School et Dominique Vian
[2] ™ Dominique Vian

Introduction

Les points clés :

- Le contexte actuel est caractérisé par une forte incertitude
- Les méthodes classiques ne suffisent plus pour agir dans les situations inédites
- Les méthodes effectuales permettent de réagir dans les situations incertaines.

Le contexte actuel se caractérise par une forte incertitude. Le Covid et la guerre en Ukraine sont là pour nous le rappeler. Aujourd'hui, une bonne manière pour agir sans rester bloqué face à un problème, c'est d'appliquer les méthodes effectuales.

Plus il y a d'éléments et d'interactions, plus le monde devient incertain. Avec la mondialisation, les interdépendances ont été décuplées. L'information et la prise de décision ne sont plus centralisées.

Nous sommes passés d'une structure pyramidale à une structure en réseau. Les choix des uns affectent ceux des autres, et réciproquement.

Les méthodes classiques nous invitent à décomposer une situation en éléments indépendants afin de la simplifier. Elles peinent car il y a de plus en plus d'éléments à prendre en compte et ils ne sont pas toujours indépendants. Dès lors que les choses sont interdépendantes, décomposer un problème en sous problèmes distincts devient impossible.

Comment fait-on alors pour agir et reprendre le contrôle dans le contexte actuel, avec l'impression de ne pas avoir de visibilité ni de possibilités d'agir apparentes ?

Nous allons voir ensemble pourquoi les anciennes méthodes ne suffisent plus et comment les méthodes Effectuales peuvent nous aider à agir dans les situations inédites.

A propos des auteurs

Dominique Vian est enseignant chercheur en cognition entrepreneuriale et **Quentin Tousart** est entrepreneur dans l'innovation numérique.

Dominique a commencé sa carrière en tant qu'ingénieur système d'information, il a passé une bonne partie de sa vie professionnelle à modéliser l'information, jusqu'à s'apercevoir que les gens sont perdus face à l'incertain et qu'ils peinent à relier des informations qui sont surabondantes. Aujourd'hui, sa recherche consiste à trouver des raisonnements qui permettent de voir au-delà de ce que l'on perçoit spontanément dans une situation complexe et donc à trouver des moyens d'agir.

Quentin a fait des études de biochimie, il voulait tout comprendre, mais a fini par abandonner car il a compris que c'était impossible. Il a appliqué intuitivement les principes de l'effectuation, et y a découvert qu'il existait des méthodes. Il s'est rendu compte qu'on pouvait comprendre beaucoup de choses sur la manière de penser des entrepreneurs. Maintenant, il cherche à diffuser ses connaissances car elles permettent aux individus de changer le monde à leur échelle.

La thèse que nous défendons

Aujourd'hui dans un monde où les interconnexions sont omniprésentes, les méthodes actuelles sont devenues inadaptées voire contre productives. Les méthodes classiques focalisent sur les causes d'un problème, essayent de rechercher la cause principale et visent à trouver une solution qui annule cette cause. Dans la réalité complexe, il y a rarement une cause principale, mais de multiples causes indénombrables. Au-delà de la difficulté à trouver une cause principale qui n'existe pas, les causes sont toujours dans le passé, on ne peut pas revenir en arrière ou l'annuler d'un simple claquement de doigts.

Par exemple, si certains pensent que les Russes qui habitent des régions moins favorisées sont plus sensibles à la propagande, car le niveau d'éducation y est peu élevé, agir sur l'éducation d'un peuple est complexe et n'a pas d'effet immédiat.

Parfois d'autres méthodes traditionnelles visent à reproduire ce qui a fonctionné dans des contextes similaires. Le problème c'est que les situations ne sont jamais similaires. Par exemple : appliquer des sanctions sur la Russie mondialisée d'aujourd'hui, n'a rien de commun avec l'embargo de 1979 à l'encontre de l'URSS.

Le risque avec ces méthodes, c'est d'abord d'agir sur une cause, mais pas sur toutes, ce qui ne résout pas le problème ou d'agir comme on l'avait fait précédemment sans prendre en compte que l'histoire ne se répète pas deux fois de la même manière. C'est souvent une dépense d'énergie importante pour changer le passé et ceci, sans effet immédiat. C'est le risque de tomber à côté.

Si vous connaissez quelques méthodes de résolution de problème, comme par exemple, **la méthode des 5 pourquoi(s)**, vous observerez que toutes ces méthodes cherchent à agir sur les causes. Aujourd'hui, il ne faut plus travailler sur les causes, et nous allons vous expliquer pourquoi !

Les méthodes effectuales pour agir dans l'incertitude

L'objectif, c'est de travailler sur les effets du problème. Ces effets sont dans le présent ou dans le futur immédiat. Si on reprend notre exemple de la guerre en Ukraine, un des effets est de renforcer l'Europe qui se ligue face à un ennemi commun. Quelque part, toutes les actions visant à renforcer le système de défense Européen devient une solution satisfaisante pour éviter une prochaine guerre. On ne cherche pas à annuler la guerre, encore moins ses causes, car elles sont déjà là. Au contraire, on peut chercher parmi les effets, qui sont des enjeux, celui qui permet une action qui sera jugée efficace à très court terme. Pour reprendre l'exemple de la propagande. Un des effets de celle-ci est de développer le recours au Virtual Private Network (VPN) pour disposer d'autres sources d'informations. Toute action visant à faciliter l'adoption d'un VPN permet de rendre l'information contradictoire accessible. C'est une manière de lutter contre la propagande.

Ça nous amène sur un autre point important des méthodes Effectuales, "fait vaut mieux que parfait". La recherche d'un idéal est douteuse et certainement une perte de temps. L'idéal n'existe pas. L'action qui est choisie par les méthodes effectuales est une action efficace, suffisante et au moindre effort. Dès lors que l'idéal n'existe plus, vous ne pourrez que rechercher à améliorer votre situation présente. Vous allez agir rapidement, et améliorer l'existant. Si l'on reprend notre exemple en géopolitique, on peut voir le renforcement de l'Europe comme un enjeu de la guerre en Ukraine. Nous verrons que tous les effets sont des enjeux du problème.

Et c'est très bien ainsi, car nous constatons 2 choses :

1. Les enjeux directs sont en nombre restreint et donc actionnables, comparés aux causes en cascades qui elles, peuvent être infinies.

2. Je peux choisir l'enjeu que je contrôle et sur lequel je veux travailler. C'est suffisant pour modifier la situation et avancer.

L'intérêt de raisonner ainsi, c'est de se focaliser sur un enjeu qui permet une action localisée nécessitant un effort limité. Nous ne sommes plus submergés par la situation dans sa globalité.

Pour utiliser une métaphore, imaginons que j'ai mal au dos et que je choisisse l'acupuncture ou l'ostéopathie. Le principe c'est d'appuyer sur les bons points pour délier le dos. En voyant chaque point comme un enjeu, on se rend compte que délier un point va déclencher une réaction en chaîne vertueuse. Ce qui participera au bien être corporel dans sa globalité.

Une fois que mon action a été effectuée, je peux m'attaquer à un autre enjeu et avancer d'un pas supplémentaire. Ces méthodes ont cependant un certain nombre de contraintes. Il s'agit de créer les conditions d'une intelligence collective. Elles ne se pratiquent jamais seules. L'idée est de créer une carte mentale commune qui permet à tous les acteurs d'avoir la même représentation du problème et de ses aboutissants.

Un travail sémantique aide cette convergence pour se mettre d'accord sur les bons mots à utiliser afin de décrire une situation. Dans les faits, cela nécessite de se poser 1 heure voire 2 pour discuter et définir le problème et ses enjeux.

Un autre travail très important à réaliser dans le cadre des méthodes effectuales est de se concentrer uniquement sur le lien effectual. C'est l'association moyen - effet. Quel moyen ai-je et quels sont les effets générés ?

Cette focalisation permet de nous affranchir de certains biais cognitifs et de ne pas nous perdre. Il y a un certain nombre de biais que vous devez éviter comme la relation d'appartenance (mise en contexte d'un élément) ou le lien de causalité (explication de cet élément). Ces deux derniers types de relation sont volontairement écartés car notre objectif n'est pas de comprendre. Nous cherchons à répondre à : qu'est-ce qu'on peut faire avec la situation telle qu'elle est ? C'est la finalité exclusive du lien effectual.

La focalisation sur le seul lien effectual permet de s'affranchir des associations qu'un cerveau humain utilise sans le savoir : la relation d'appartenance pour une mise en contexte d'un élément ou le lien de causalité pour l'explication de la situation.
Ces méthodes n'étant malheureusement pas enseignées, il s'agit aussi d'apprendre cette nouvelle façon de penser. Plus nous avons l'habitude de résoudre des problèmes par la causalité, plus il sera compliqué de raisonner avec l'Effectuation. C'est en quelque sorte une logique inversée. Nous avons appris à l'école une façon de fonctionner qui a besoin d'être enrichie et qui n'est plus suffisante dans le monde actuel, complexe et incertain. Il y a besoin d'apprendre à penser avec la logique effectuale pour agir dans le cadre de ce nouveau paradigme. Ce livre est là pour vous accompagner. Nous allons nous efforcer de tout vous expliquer.

2. Elles rendent l'action crédible parce que faisable

La logique moyens disponibles - effet direct produit des objectifs qui sont atteignables, ce qui augmente les chances de succès et donc l'impact de l'action.

En quoi la logique causale (fin - moyens), qui est le contraire de la logique effectuale, est moins porteuse d'impact ?

Parce que cette logique ne prend pas en compte les enjeux. Elle ne les mémorise pas, ce qui les rend implicites et flous. Si je veux augmenter mon chiffre d'affaires, je ne sais pas si c'est pour atteindre le point mort, mieux rémunérer mes salariés ou mes actionnaires.

Et comme je ne sais pas si j'en ai les moyens, je risque de rater la cible et donc ne pas avoir d'impact.

Le but d'effectual impact est de fournir aux individus désireux d'avoir de l'impact des méthodes pratiques qui permettent d'aligner des objectifs atteignables reliés (ou pas) à une ou plusieurs finalités ultimes. Notons que ceci est impossible en utilisant une méthode causale qui ne sait considérer qu'un seul objectif à la fois.

Partie 1 : Cas d'applications des méthodes effectuales

1.1. Cas d'applications à l'identité - Pour partir de soi

1.1.1. Comment traduire sa surcapacité pour changer le monde à son échelle ?

Les points clés :

- La surcapacité est la capacité de chaque individu à utiliser ses aptitudes particulières et valorisables.

- Utiliser sa surcapacité pour créer un projet socialement significatif en lien avec ses valeurs personnelles.

- Vérifier que la surcapacité contribue fortement à l'opportunité et qu'elle correspond à ses centres d'intérêt.

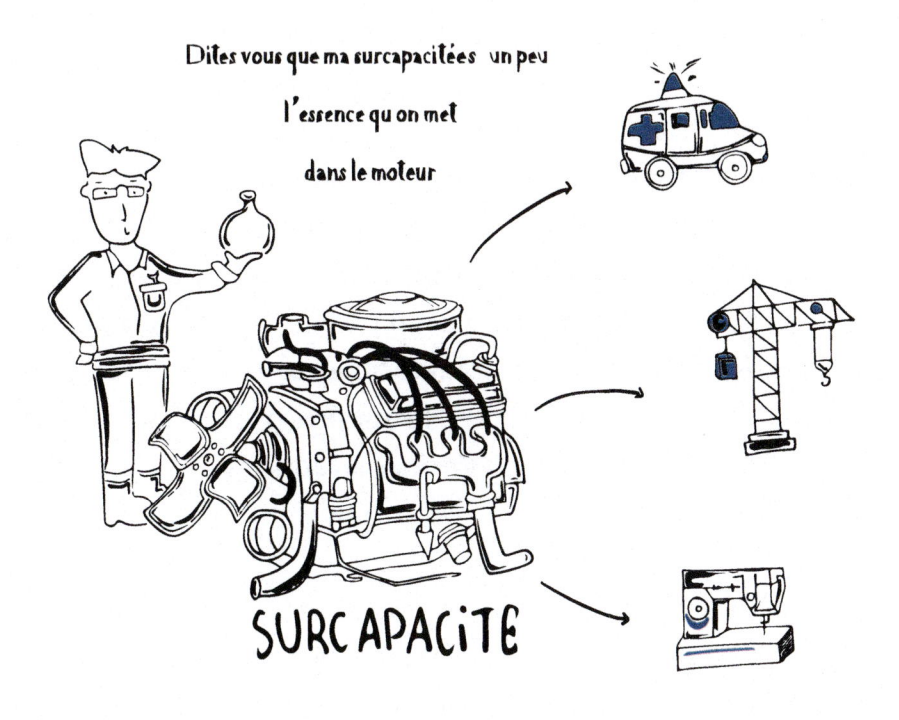

Figure 2 : La surcapacité est un moteur dont la puissance peut s'exprimer dans des domaines variés (ici le soin, la construction, la fabrication, ...)

Chacun de nous a un parcours de vie spécifique qui lui confère des aptitudes particulières et valorisables. C'est ce que nous appelons la surcapacité.

Elle peut prendre des formes d'expressions particulières en fonction des contextes et des projets. Quand il s'agit d'établir un projet, il est bon de savoir comment son identité se connecte à la valeur sociale désirée. L'enjeu est d'exprimer sa surcapacité, d'apporter une contribution sociale significative et de répondre à ses valeurs. Le projet devient crédible quand il est un effet atteignable de sa surcapacité. Cela ne veut pas dire qu'il réussira à coup sûr, mais les chances de succès s'en trouveront sérieusement renforcées.

Prenons l'exemple de la surcapacité de Quentin : "comprendre ce qui se passe autour de moi pour changer les façons de voir habituelles et concrétiser des possibilités de projet".

Sur la base de cette surcapacité, il peut vérifier si des opportunités sont viables.

1. Soit des opportunités lui sont proposées. Dans ce cas, la séquence à suivre sera :

- Vérifier que la surcapacité contribue fortement à l'opportunité
- Vérifier qu'elle correspond à ses valeurs et ses centres d'intérêt.

Par exemple, un partenaire lui demande de l'aider à proposer des cours en ligne pour partager des connaissances autour de la psychiatrie. En l'état, cette opportunité est faiblement connectée à sa surcapacité. Mais si le projet devient celui de casser les idées reçues sur la psychiatrie grâce à des cours en ligne, sa surcapacité pourrait contribuer fortement.

2. Soit il envisage des opportunités. Dans ce cas, la séquence deviendra :

- Déduire des effets possibles de sa surcapacité
- Exemple : sa surcapacité permet de vulgariser des idées novatrices, comprendre un sujet émergent, connaître les solutions adaptées à un problème, les mettre en œuvre, convaincre de l'intérêt d'une nouvelle pratique, mettre fin à des pratiques désuètes mais ancrées (exemple : miser sur des prévisionnels pour financer des projets très incertains)

- Ne conserver que les effets pour lesquels la surcapacité contribue fortement et non pas faiblement.

Dans notre cas, on élimine probablement "mettre fin à des pratiques désuètes mais ancrées" car il n'y a aucun terme dans la surcapacité qui se réfère à la volonté de faire face à l'inertie ou de se dédier complètement à une cause unique, laquelle est potentiellement peine perdue. L'inertie crée la dépendance à un projet et freine d'autres initiatives, alors que Quentin aime travailler sur plusieurs projets. En d'autres termes, la surcapacité peut aider mais n'apporte pas suffisamment de crédit. Dans ce cas, on parle de faible contribution de la surcapacité au regard du projet.

Choisir les effets de la surcapacité qui soient reliés à ses valeurs personnelles (indépendance, coopération, confiance, …) et centres d'intérêt (entrepreneuriat, innovation numérique, média, …).

Exemple : Il est raisonnable de penser que le projet peut avoir pour ambition de convaincre les entrepreneurs de s'intéresser à de nouvelles pratiques par les médias numériques.

Cet exemple montre qu'exprimer sa surcapacité permet de changer le monde mais à son échelle. Le processus que nous proposons emprunte à l'idéalisme dans la mesure où il s'appuie sur la réalité de la pensée du sujet (exemple : le besoin de valoriser des idées novatrices qu'il considère comme étant vrai). Mais il emprunte aussi au pragmatisme, car l'individu ne valorise que ce dont il est le plus capable. Il s'agit là d'une philosophie que l'on pourrait appeler "idéalisme effectual pragmatique" dans la mesure où elle se situe entre idéalisme et pragmatisme.

1.1.2. Partir de soi pour entreprendre de concilier liberté financière et épanouissement

Les points clés :

- Partir de l'identité de l'individu pour trouver sa surcapacité.

- Utiliser cette surcapacité pour créer des opportunités.

- Atteindre la liberté financière et l'épanouissement personnel grâce à ces opportunités.

La liberté financière se définit comme "la capacité pour un individu de ne plus être dépendant d'un emploi pour vivre, de faire ce qui l'intéresse réellement dans la vie et d'être lui-même" (Wikipedia).

Faut-il être riche pour être heureux ?

Nombreuses sont les idées reçues à propos des entrepreneurs. Entreprendre serait réservé à une élite car cela offre moins de garanties qu'un emploi. Le modèle de la réussite entrepreneuriale est aussi associé à des profils comme Jeff Bezos ou Bill Gates, très éloignés de Monsieur ou Madame Tout-le-monde. Les opportunités d'affaires sont vues comme une réalité extérieure à l'entrepreneur car elles ne dépendent pas de lui. Tout au plus, son aptitude à les saisir feront de lui un héros. Enfin, la liberté financière est souvent confondue avec la sécurité financière. La croyance, c'est d'imaginer que l'épanouissement viendra en conséquence de la sécurité financière.

Travailler plus pour gagner plus ?

Ces préjugés posent néanmoins des problèmes. Par exemple, il faudra travailler dur et en baver pour obtenir un résultat futur aléatoire tout en faisant preuve d'abnégation. L'entrepreneur peut devenir rapidement esclave de ce qu'il considérait comme une opportunité. De plus, le facteur chance est très contingent. Seuls quelques-uns réussiront à atteindre des revenus de plusieurs centaines de millions d'euros.

Partir de son parcours de vie pour trouver sa surcapacité

Nous proposons de considérer que tout peut partir de l'identité de l'individu. Celle-ci se construit grâce à son histoire spécifique. Elle lui permet une compréhension de certaines situations et lui procure une capacité d'action tout aussi spécifique. L'unicité d'un parcours de vie est trop souvent négligée ou approximée. C'est pourtant cette connaissance précise et explicite qui permet d'exprimer la surcapacité dont dispose chaque individu. Ainsi, elle devient la clé pour créer des opportunités.

Vivre grâce à sa surcapacité

La surcapacité permet d'envisager des contributions valorisables et, pourquoi pas, monétisables. Toute opportunité de créer en est une conséquence directe. C'est l'expression de la surcapacité qui permet de s'épanouir et de construire sa liberté financière.

Par exemple, imaginons qu'un créateur de contenu doué en informatique gagne sa vie en partageant sa passion. Un entrepreneur expérimenté, celui-ci bien réel, défend l'écologie en proposant un service de livraison de boissons avec des bouteilles consignées[5].

---

[5] https://www.lefourgon.com/

Un cercle vertueux s'instaure : si j'exprime mon génie, je suis valorisable, j'exprime ce que je sais faire de mieux, je m'épanouis. Je gagne en confiance en voyant mon utilité sociale renforcée. Cela me procure encore davantage d'épanouissement ainsi que des revenus.

La liberté financière par l'épanouissement de soi

Créer les opportunités à partir de soi plutôt que les chercher dans des univers qui me sont étrangers multiplie les chances d'exprimer pleinement mes capacités et d'atteindre la liberté financière tout en m'épanouissant.

1.2. Cas d'applications aux situations complexes et incertaines - Pour changer le monde

1.2.1. Comment discerner simplement des futurs proches bénéfiques à tous sans passer pour une girouette ?

Les points clés :

- La financiarisation de l'économie donne priorité à la vision à court terme.

- Agir sur les possibilités présentes plutôt que sur des hypothèses futures permet d'obtenir des résultats concrets.

- Un processus en 4 étapes peut être utilisé pour identifier des solutions concrètes à partir d'une situation complexe.

Il faut voir loin pour donner sens à son action. **"Il n'est pas de vent favorable pour celui qui ne sait pas où il va"** (Sénèque)

Pourquoi cet impératif a-t-il pris une telle ampleur ? La financiarisation de l'économie a sans doute joué un rôle. En effet, une banque ne pourra prêter son argent à une entreprise dont la valeur produite est éphémère. Une action immédiatement valable est disqualifiée si elle n'est pas intégrée dans une vision à long terme. C'est se priver d'un gain immédiat mais c'est ainsi que fonctionne le monde économique actuel

Partir de ce qu'on peut faire évoluer aujourd'hui plutôt que planifier un futur idéal

J'ai plus de chance de progresser à partir de ce qui est présent aujourd'hui que d'imaginer une situation future hypothétique. Plus je vise loin plus les aléas qui vont compter m'échappent.

Nul besoin de vision à long terme pour progresser dès maintenant vers une situation meilleure atteignable.

Un processus en 4 étapes pour agir malgré le diktat de la vision à long terme

1. Partir d'une insatisfaction.

2. Couper court au réflexe causal visant à rechercher le pourquoi.

3. S'intéresser aux effets du problème (pensée divergente par brainstorming moyens effet à partir du problème).

4. Regarder parmi ses effets lesquels se trouvent dans une zone où je peux agir (convergence par visualisation de l'arborescence effectuale ou arbre des effets directs).

Exemple vécu avec des dirigeants de PME :

1. Insatisfaction des dirigeants confrontés à des soubresauts d'activité liés à la pandémie.

2. Effets reconnus qui font consensus parmi 9 effets de plus haut niveau recensés dont par exemple : l'impossibilité de prévoir l'activité et donc la trésorerie, l'occasion de mesurer la capacité de résilience des équipes,...

3. Effets jugés comme étant une zone d'action (5 effets retenus sur les 9 précédents) : capacité à développer la résilience des équipes, mutualiser des moyens sur plusieurs activités de l'entreprise, réduire les frais récurrents non essentiels, flexibiliser les moyens en propre, développer de nouvelles pratiques dont le télétravail et le temps partiel.

4. Voir à partir d'aujourd'hui des possibilités qui sont là et bonnes pour demain sur chacune des zones d'action.

Des futurs possibles qui se comptent sur les doigts de la main

Les possibilités associées à une situation donnée sont en nombre restreint. Ils sont donc appréhendables par consensus du groupe. Dans notre exemple, aucun des dirigeants n'avait quelque chose à ajouter (épuisement des idées en étape 2), ni ne s'opposait au résultat trouvé collectivement.

En moins de deux heures, nous avons pu faire émerger 9 effets directs significatifs et trouver 5 zones et possibilités d'actions.

Ce processus est généralisable à n'importe quels situation ou problème complexes. Il mobilise l'intelligence collective en créant une représentation part-

-agée, crédible donc engageante. Même si au départ la situation paraît inextricable et semble donner lieu à une infinité de futurs possibles, c'est le contraire car leur petit nombre fait qu'ils sont facilement appréhendables par la rationalité.

Sénèque pourrait dire aujourd'hui : Celui qui sait distinguer les vents favorables sait vers où il peut avancer.

Figure 3 : Quand la météo est incertaine, naviguez en fonction de ce qui vous apparaît accessible directement.

1.2.2. Une façon originale d'aborder les problèmes pour prendre des décisions plus conscientes

Les points clés :

- En gros, il existe deux types de problèmes : complexes ou simples.

- La stratégie pour résoudre un problème dépend de notre manière de l'appréhender. Il est important de savoir adapter la méthode à la nature du problème.

- L'approche pour résoudre un problème simple est cartésienne, en prenant en compte les éléments connus pour atteindre un état idéal.

- L'approche pour résoudre un problème complexe ne permet pas de viser l'idéal car il n'existe pas. Un progrès est cependant possible.

- Au final, il y a 3 stratégies : fin - moyens (cartésienne), moyens - fin déterminée et moyens - fin émergente.

Comment appréhendons-nous les problèmes ? Savons-nous adapter la méthode à la nature du problème ? Selon le cas, la stratégie dépendra de notre manière d'appréhender toute la situation ou seulement une partie.

Il existe plusieurs définitions d'un problème. Selon le dictionnaire Robert, il s'agit d'une difficulté qu'il faut résoudre pour obtenir un résultat ; situation instable ou dangereuse exigeant une décision. Nous proposons de définir un problème comme une situation perçue qui incite à se positionner par une décision. Ex : j'ai mal au pied, je décide de me faire soigner. Choisir de ne rien faire, c'est aussi décider.

Notons que cette définition est inédite et semble suffisante. Elle a l'avantage de ne pas intégrer la cause (par exemple, pourquoi j'ai mal au pied) ou l'effet (l'empêchement occasionné par le mal au pied) dans la description du problème. L'avantage de ce minimalisme tient au fait qu'intégrer une cause ou un effet induit des biais, notamment le biais de focalisation ou d'ancrage. Ce biais cognitif est un phénomène psychologique qui affirme que la première information que nous recevons sur un sujet spécifique sera celle que nous prendrons comme base pour mémoriser. De plus, les causes et les effets d'un problème sont très souvent multiples voire innombrables et l'ensemble est inconnaissable.

C'est le cas des problèmes complexes que nous pouvons aussi définir comme une situation perçue, constituée d'éléments interagissant, dont certains sont inconnaissables, qui incite à se positionner par une décision.

Face à un problème et avant de prendre une décision, nous proposons de prendre en compte 3 dimensions : philosophique, stratégique et méthodologique.

Figure 4 : C'est quand on enlève le superflu qu'on découvre les moyens essentiels dont on dispose (l'identité, le savoir et les réseaux)

Aspects philosophiques basés sur notre représentation du monde

Est-ce que j'assume que la situation est complexe ou pas ?

1. Je pense que la situation n'est pas complexe

Je considère alors qu'aucun élément n'échappe à ma connaissance. Le tout peut alors se décomposer en parties afin de le simplifier. C'est parce que je dispose de toutes les informations que je peux viser un état idéal qui devient mon objectif. En d'autres termes, je sais dire quelle sera la meilleure solution. Il s'agit là d'une approche cartésienne de la situation et un rétroplanning est possible à partir de l'objectif fixé c'est-à-dire la complète résolution.

Par exemple, mon avion consomme trop (situation perçue). Je souhaite concevoir un avion qui consomme moins (je me positionne par une décision). Je m'appuie sur la mécanique de vol (portance, frottements, ...) associée aux connaissances sur la propulsion énergétique qui rendent possible le développement de ce nouvel avion.

2. Je reconnais que la situation est complexe

Je ne peux pas tout connaître et donc une solution optimale n'a plus de sens. Je peux néanmoins comparer la situation perçue avec la situation souhaitée, si celle-ci est atteignable et satisfaisante.

Par exemple, les Ukrainiens sont en difficulté. Je peux organiser une collecte de ressources dans mon quartier. Est-ce que cela résout tous les problèmes des Ukrainiens ? Certainement pas, mais c'est faisable (effet direct atteignable) et c'est mieux de le faire que de ne pas le faire. En d'autres termes, il n'y a plus d'idéal comme dans le cas d'une information parfaite mais il reste la possibilité de comparer deux à deux les effets. Par exemple, une collecte de ressources physiques sera plus adaptée qu'une collecte d'argent car le système bancaire fonctionne mal dans certaines localités du fait de la guerre. Je ne peux plus parler de solution puisque le problème continuera d'exister. Je peux parler d'amélioration « satisfaisante » au regard de la situation initiale.

Figure 5 : Pas besoin de viser l'idéal alors que l'on peut progresser avec les moyens qui sont à votre disposition

Aspects stratégiques

L'approche stratégique s'aligne sur l'approche philosophique choisie.

Stratégie n° 1

Avec le cartésianisme, je décide de l'état idéal désiré. Je peux viser la suppression du problème, c'est-à-dire sa solution complète.

Il existe différentes stratégies comme :
- L'analyse des causes (approche fin-moyens).
- L'analyse des contraintes.
- L'essai-erreur.

En assumant le fait de ne pas tout connaître, deux autres stratégies sont alors possibles :

Stratégie n° 2

Je me fixe un objectif. Dans ce cas, on parlera d'Effectuation guidée par l'objectif ou d'une analyse moyens - fin. Par exemple, la fin visée est de diminuer ma consommation de carburant de 30 %. Tout progrès vers le but est considéré comme valable. Puisque l'avion consomme trop, je décide de l'utiliser moins.

Stratégie n° 3

Je ne me fixe pas d'objectif a priori. Dans ce cas on parlera d'Effectuation "vraie" ou non guidée puisqu'aucun objectif n'est privilégié. On parle aussi de l'analyse des effets du problème sans but préalable. Je recherche toute action parmi plusieurs effets qui représente un progrès satisfaisant. Par exemple, une trop grande consommation (moyen) augmente la production de CO_2 (effet). Je décide d'investir en R&D pour embarquer des capteurs solaires dans l'avion. Je choisis ce qui me satisfait parmi plusieurs effets possibles du problème.

En résumé, il y a 3 stratégies : fin - moyens (cartésienne), moyens - fin déterminée et moyens - fin émergente.

Aspects méthodologiques

La plupart des méthodes s'inscrivent dans la recherche d'un état idéal ou d'un optimum. Seules les méthodes effectuales s'en affranchissent et privilégient une action satisfaisante. Les méthodes issues du cartésianisme répondent à des situations particulières variées comme par exemple la méthode Triz qui permet d'optimiser une solution en considérant plusieurs contraintes. C'est aussi le cas des méthodes agiles qui visent à réduire un effort de développe-

-ement qui pourrait s'avérer inutile au regard d'une fin souhaitée. Sans remettre en cause leur utilité, nous proposons des méthodes alternatives qui partent du présent et grâce à l'Effectuation révèlent et multiplient les possibilités d'améliorer la situation.

Le complexe invite à considérer les problèmes avec humilité tout en révélant des possibilités d'action inédites satisfaisantes. C'est aussi une invitation à reconsidérer les pratiques dominantes issues d'un réductionnisme qui peut parfois être dangereux. Quand la stratégie fin - moyens nécessaires (ce que je dois faire pour) est impossible du fait d'une information imparfaite, la bascule vers une stratégie moyens - effets (ce que je peux faire avec les moyens disponibles certains) permet d'agir en étant satisfait, alors que je ne sais pas tout.

Figure 6 : Quand les méthodes traditionnelles montrent leurs limites en situation d'incertitude

Deux bases théoriques importantes pour comprendre ce chapitre :

Article de Philippe Silberzahn et Dominique Vian publié dans la Revue Française de Gestion. L'article s'intitule "La conceptualisation par l'entrepreneur de ses moyens pour atteindre un but : une heuristique effectuale"[6].

Herbert Simon a proposé le terme de "satisficing" contraction de "satisfying" et "sufficing" comme critère pour concevoir l'action dans le complexe (1957).[7]

[6] https://www.cairn.info/revue-francaise-de-gestion-2022-3-page-11.htm
[7] https://fr.wikipedia.org/wiki/Satisficing

1.2.3. Libérer l'action collective en simplifiant notre manière de raisonner : quand l'excès d'analyse nous empêche d'agir

Les points clés :

- Il est possible de se sortir d'un raisonnement tortueux qui empêche de résoudre un problème en identifiant les quatre types de liens utilisés pour explorer à partir d'une situation : lien d'appartenance, lien de causalité, lien effectual et lien de redondance.

- Ces liens permettent de contextualiser ou expliquer une situation mais peuvent également mener à l'incapacité de savoir par quel bout prendre le problème.

- Il est conseillé de se focaliser sur le lien effectual en particulier et de ne pas basculer entre les différents liens. Cela permet de trouver des pistes d'actions concrètes.

- Cette approche est applicable à tout type de situation complexe et peut être utilisée en intelligence collective pour faciliter l'action.

Qui ne s'est jamais retrouvé avec une pensée qui tourne en rond et l'empêche de résoudre un problème ? Il est possible de sortir d'un raisonnement tortueux qui ne permet pas de reprendre le contrôle.

Prenons le cas d'une situation difficile que l'on peine à résoudre comme celle des déserts médicaux en France. Pour l'aborder, le fonctionnement classique de notre cerveau est de relier différents éléments pour l'analyser. Relier, c'est produire des inférences de telle sorte qu'une chose prend sens au regard d'une autre.

Voici quelques éléments de la situation qui pourraient émerger en première analyse :

1. Les déserts médicaux font partie des questions relatives à l'accès aux soins.

2. Les déserts médicaux sont causés par le manque de médecins, lui-même causé par la politique du numerus clausus.

3. Les déserts médicaux contribuent à la surcharge des urgences.

4. On retrouve souvent des déserts médicaux dans les zones rurales.

Quatre types de liens qui nous sont familiers à propos d'une situation

Lien d'appartenance

Nous avons besoin de ce lien quand nous souhaitons rattacher la situation à un ensemble connu. C'est le cas quand nous affirmons que les déserts médicaux font partie de l'accès aux soins (cas de l'inférence n°1).

Lien de causalité

Il est très utile pour chercher ce qui a provoqué la situation. Les déserts médicaux sont causés par le manque de médecins, lui-même causé par la politique du numerus clausus (cas de l'inférence n°2).

Lien effectual

Quand nous cherchons ce que peut produire la situation. Par exemple, les déserts médicaux contribuent à la surcharge des urgences (cas de l'inférence n°3).

Lien de redondance

Il s'agit d'un lien de similarité entre deux éléments. On retrouve souvent des déserts médicaux dans les zones rurales (cas de l'inférence n°3). Les deux sont alors souvent confondus.

Nous utilisons ces quatre liens tous les jours sans nous en apercevoir car ils nous permettent à partir d'une chose (A) vue comme point de départ de penser à une autre chose (B) qui lui est directement reliée. En d'autres termes, nous considérons A comme certain et ce A nous permet de trouver une information qui lui est directement connectée. Ainsi, on voit apparaître des concepts relatifs au sujet central (le désert médical), notamment le problème auquel il se rattache qui est "l'accès au soin", ses causes, ses conséquences et les redondances associées. En foisonnant ainsi, on en connaît plus sur la situation.

Cependant, le fait de passer d'un type de lien à un autre sans en avoir conscience n'est pas sans poser de problème. Notamment, je ne sais pas sur quoi me poser. Mon attention n'est pas focalisée car elle bascule entre description des contraintes, explications et les conséquences du problème.

Si cette combinaison des 4 types de lien m'a permis de contextualiser, je suis dans l'incapacité de savoir par quel bout prendre et hiérarchiser parmi les concepts. Le risque est de ne rien faire car nous n'avons pas de réponse complète à toutes les causes. De plus, je n'ai pas défini ce sur quoi je peux agir.

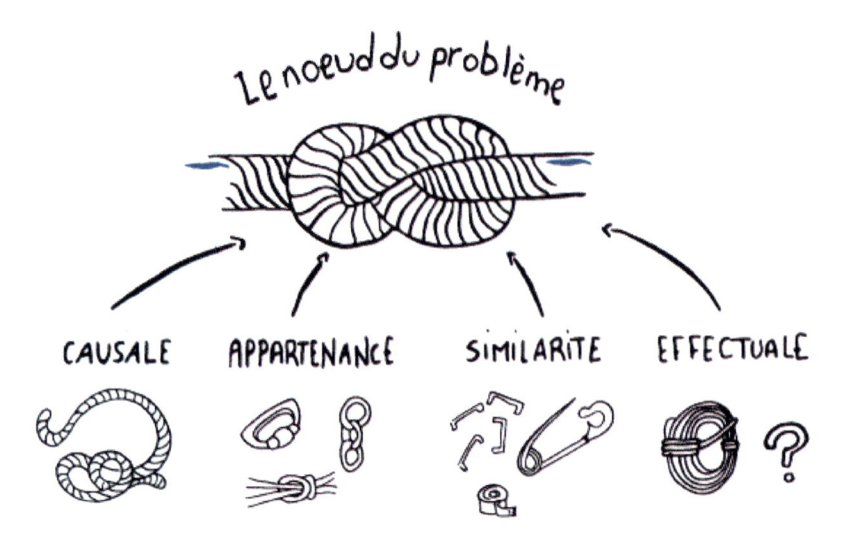

Figure 7 : Notre angle de vue modifie notre perception d'une situation et donc nos possibilités d'agir

Filtrer les informations inutiles pour agir

Essayons de n'utiliser que des liens effectuals et de redondance.

Je constate qu'à chaque fois que je veux prendre un rendez-vous avec un médecin, c'est la galère car j'habite dans une zone rurale qui est un désert médical (lien de redondance entre zone rurale et désert médical). Imaginons que je sois un citoyen amoureux de ma région et désirant y vivre en bonne santé. Les déserts médicaux réduisent les accès aux soins en médecine libérale, ce qui rend le territoire peu attractif à l'installation de nouvelles familles, y compris les médecins eux-mêmes (lien effectual m'ayant fait passer du désert médical à l'attractivité du territoire).

Agir à partir du problème plutôt que de chercher à tout comprendre

À ce stade, cette analyse est suffisante pour dégager des enjeux clairs.

En tant que citoyen, je peux identifier et communiquer sur les initiatives et moyens existants qui valorisent le territoire. Exemple, faire un site Internet qui recense les initiatives et valorise l'entraide au sein du territoire pour organiser des trajets vers les unités de soins disponibles. Une autre personne retraitée pourra proposer ses services pour garder les enfants du médecin.

D'un problème qui me paraissait étranger, je me le suis réapproprié et j'en deviens pleinement acteur. Au-delà d'une contextualisation, je peux reprendre pied. Je passe de "j'ai compris le problème" versus" j'ai compris comment agir à la place qui est la mienne face au problème".

Un engagement collectif facilité

Imaginons la puissance de plusieurs actions mises en œuvre. Ce serait le problème qui en serait modifié. On peut même rêver en considérant que, rassuré de voir autant d'initiatives sur un même territoire, ce dernier pourrait devenir à nouveau attractif et attirer des médecins.

C'est la manière de voir le problème qui change. Le lien effectual permet de s'atteler à la façon de se représenter des possibilités qui sont un progrès quelle que soit la situation de départ. Dans un cas, on est bloqué ; dans l'autre cas, on voit des possibilités incitant à l'action.

Partie 2 : Description de méthodes effectuales

2.1. Méthodes effectuales : des capacités cognitives augmentées pour envisager des futurs proches

Les points clés :

- Les méthodes effectuales permettent de comprendre ce que peut devenir une situation complexe en évaluant des possibilités qui ne sont pas vues spontanément.

- Une méthode effectuale suit une heuristique commune en 3 séquences : mise en perspective de la situation et de ses effets, recherche des espaces propices pour agir, réponses aux questions "qu'est-ce que nous savons ?" et "qu'est-ce que nous pouvons faire?" dans des zones de contrôle qui deviennent des zones d'action.

- Les méthodes effectuales augmentent la compréhension des possibilités d'une situation complexe. Elles sont basées sur la seule logique effectuale et peuvent être utilisées dans différents contextes, notamment en entreprise et en politique.

Figure 8 : Dans la jungle, notre champ de vision est limité

Figure 9 : Telle la girafe, les méthodes effectuales permettent de prendre de la hauteur

L'Effectuation est une théorie qui gagne progressivement en notoriété. Elle décrit des principes d'action plus qu'un mode opératoire. Une méthode effectuale vise à comprendre ce qui peut advenir d'une situation complexe en évaluant des possibilités qui ne sont pas vues spontanément. La logique effectuale permet de relier la situation a ses effets directs, créant ainsi de la clarté.

Chaque méthode effectuale suit globalement une heuristique (séquence de raisonnement / pattern) commune :

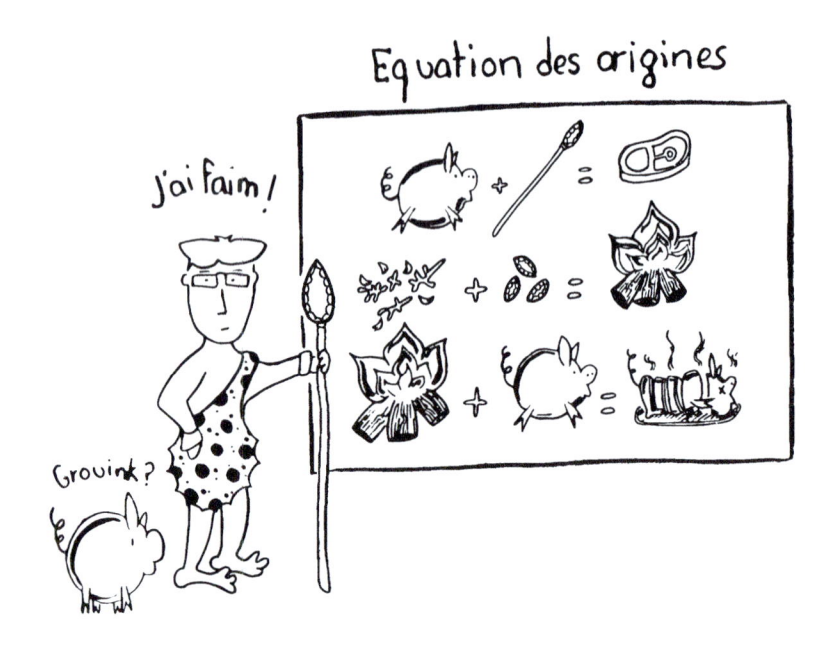

Figure 10 : De tout temps, l'homme a combiné les moyens qu'il avait à disposition pour progresser

Séquence 1 :

Mettre en perspective la situation et ses **effets**, afin de ne pas rester confiné dans ses limites. Par exemple, les infrastructures favorisant le télétravail (la situation) augmente l'attractivité de zones rurales (un effet). Nous pouvons ainsi distinguer les éléments de la situation (moyens, contraintes) et les relier avec leurs effets.

Séquence 2 :

Rechercher des enjeux propices pour agir (ou zones de contrôle). Sans élargir la situation aux **effets directs**, on ne peut identifier ces zones qui sont autant de points aveugles. Si je suis élu d'une collectivité territoriale, son attractivité est dans ma zone de contrôle.

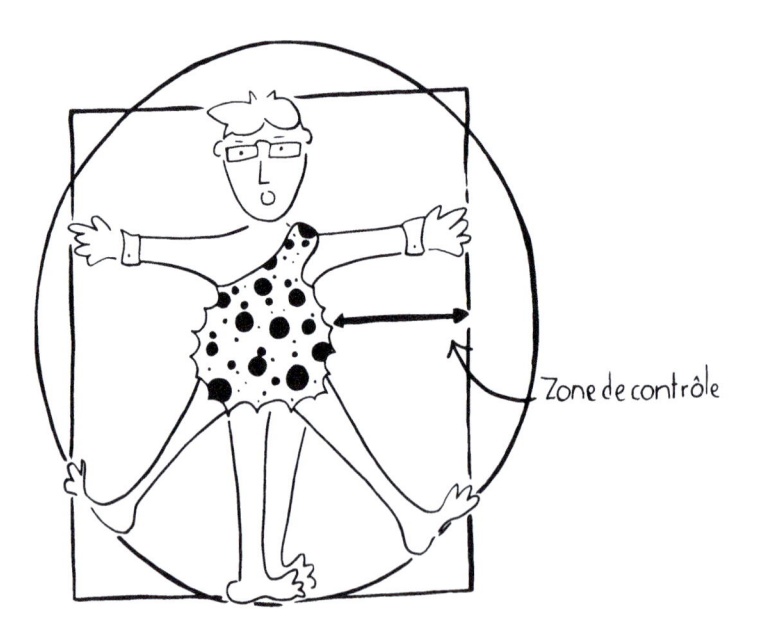

Figure 11 : Ce sont les moyens directement accessibles qui nous permettent de maîtriser nos actions

Séquence 3 :

Répondre aux deux questions : "qu'est-ce que nous savons ?" et "qu'est-ce que nous pouvons faire ?" dans ces zones de contrôle. Nous sommes maintenant capables d'identifier un problème sur lequel nous pouvons agir et peut-être visualiser une action possible significative pour les parties prenantes. Exemple : ma commune peut informer les médecins qui cherchent à s'installer que notre territoire est redevenu attractif.

Un nouveau paradigme pour entreprendre

Ces méthodes sont encore peu connues car issues d'un travail de recherche récent (moins de 20 ans de recherche) dont le résultat commence seulement à être enseigné. La plupart des personnes confrontées à ces situations ne savent pas qu'il est possible de se focaliser sur le lien effectual entre les éléments pour comprendre ce qu'ils permettent de faire. Les autres types de liens logiques comme l'appartenance ou la causalité n'ont pas la même finalité car ils concernent la compréhension et l'explication. En général, les personnes mélangent les finalités : compréhension, explication, potentialité. Ils s'arrêtent à la première intuition venue. Le raisonnement ne peut être approfondi en l'absence d'une méthode qui fasse la distinction entre les types de liens.

Vers des méthodes de conscience augmentée

Doper les capacités cognitives d'un groupe d'individus confronté à une situation complexe lui permet de voir des possibilités apparaître grâce à des couples moyens-effets qui n'étaient tout simplement pas envisagés.

Telles des lunettes de réalité augmentée, plusieurs méthodes effectuales comme ISMA360 TM, FOCAL (Vian & Sempels), ISMA Talents TM, ISMA concepts (Vian), Space setting (Vian & Gaulle) basées sur la seule logique effectuale ont montré qu'elles produisent un état de compréhension augmentée des possibilités, lesquelles n'étaient pas apparentes avec d'autres façons de penser. Simplement parce que ces dernières ne sont pas faites pour répondre à la question : "que permet la situation ?"

2.2. ISMA Talents TM, une méthode effectuale pour trouver et mettre en action sa surcapacité.

Les points clés :

- ISMA Talents est une méthode qui permet d'identifier la surcapacité unique d'un individu en se basant sur la perception des autres.

- La surcapacité est la compétence actionnable distinctive et crédible d'un individu, qui lui permet de trouver sa place dans la société.

- La méthode ISMA Talents se compose de trois étapes : identifier les qualités perçues par les proches, associer les qualités selon la logique effectuale, et rechercher l'effet commun des super-talents pour formuler la surcapacité.

Figure 12 : Extraire de mon parcours de vie ce qui fonde mon identité

Chaque individu a un parcours de vie unique qui lui confère des aptitudes particulières et valorisables. Encore faut-il en prendre conscience et le rendre explicite pour les autres.

ISMA Talents s'appuie sur ce que les autres perçoivent d'un individu en positif pour en déduire sa compétence actionnable unique (surcapacité ou contribution sociale unique). Elle est donc distinctive et crédible, car reconnue par les pairs. C'est en quelque sorte la zone de génie de l'individu. Elle permet de donner un cap et de trouver sa place dans la société. La méthode ISMA Talents n'a pas besoin d'un référentiel existant qui segmente des critères (traits de personnalité, profils types, …). En se basant sur la perception des autres, elle lève le biais des approches subjectives auto-évaluées.

Passer de "comment suis-je perçu ?" à "je connais ma place dans la société"

1. Comment suis-je perçu ?

- Noter les qualités contenues dans des lettres de proches qui vous décrivent. La simple lecture des qualités que des personnes bienveillantes perçoivent est déjà une expérience enrichissante et rare. **Résultat :** un ensemble de qualités brutes.

- Regrouper les qualités synonymes. Elles sont comptabilisées pour en mesurer l'importance. Par exemple, le mot "méticuleux" est répété 6 fois. **Résultat :** un classement des qualités brutes le plus souvent exprimées qui sont désormais inter-subjectives car décelées par plusieurs personnes.

2. Quels sont mes talents qui sont valorisés socialement ?

Associer les qualités par paires selon la logique effectuale, c'est-à-dire qu'une qualité contribue ou en permet une autre. Exemple : "attention soutenue" permet d'être "persévérant" qui permet d'être "axé sur l'atteinte du but". **Résultat :** un arbre reliant les qualités avec au plus haut niveau l'effet le plus valorisable socialement. Toutes les autres qualités de niveau inférieur sont vues comme des moyens. Le plus haut niveau de l'arborescence s'appelle un super-talent. Un individu en possède en général 5 à 6.

3. Qu'est-ce que l'ensemble des super talents combinés produit d'unique et comment cela résonne-t-il en moi ?

Rechercher l'effet commun à l'ensemble des super-talents. Exemple : donner les clés pour s'emparer de possibilités qui ne sont pas vues spontanément.

Résultat : Formulation explicite en une phrase qui décrit la surcapacité d'un individu.

Les bénéfices sont multiples et permettent de :

- Communiquer sur sa compétence distinctive devenue explicite.

- Vérifier que ce que je fais ou ce que je veux faire est en adéquation avec ma surcapacité.

Se sentir utile, légitime et motivé grâce à une concordance entre perçu, ressenti et attendu.

Comment je suis perçu ? Qu'est-ce qui me procure des émotions positives ? Qu'est-ce qui est valorisé socialement ? Le tout crée les conditions qui permettent l'épanouissement. Cette expression pouvant paraître abstraite, il est utile de la traduire dans une formule qui l'incarne concrètement dans un contexte particulier. Exemple qui illustre la surcapacité précédente : entreprendre des projets grâce aux méthodes effectuales.

Situation vécue avec ISMA Talents

Reconnaître l'inconfort : Gérard a essayé plusieurs tests de personnalité. Il considère qu'une part de lui reste à découvrir. Un séminaire ISMA Talents de 2,5 jours lui est proposé. C'est l'occasion pour Gérard de faire un benchmark de différentes méthodes.

Voir pour agir : Gérard est surpris et ému de mettre des mots sur ce qu'il considère le décrire parfaitement. Sa surcapacité est d'explorer les possibles et jouer d'influence pour aider chacun à dépasser des limites.

Agir pour transformer : s'apercevant qu'il n'était pas pleinement reconnu pour cette compétence dans son précédent travail, il décide d'en changer pour un poste dans l'éducation à l'entrepreneuriat de futurs ingénieurs.

2.3. Garder la possibilité d'agir dans des situations apparaissant comme inextricables : les méthodes SPACE SETTING et FOCAL

Les points clés :

- Il est possible de ne pas se laisser enfermer dans nos problèmes en utilisant les méthodes SPACE SETTING et FOCAL.

- Ces méthodes permettent de raisonner par les effets plutôt que les causes pour agir sur une situation complexe.

- L'approche par les effets permet d'identifier des enjeux sur lesquels agir pour améliorer la situation.

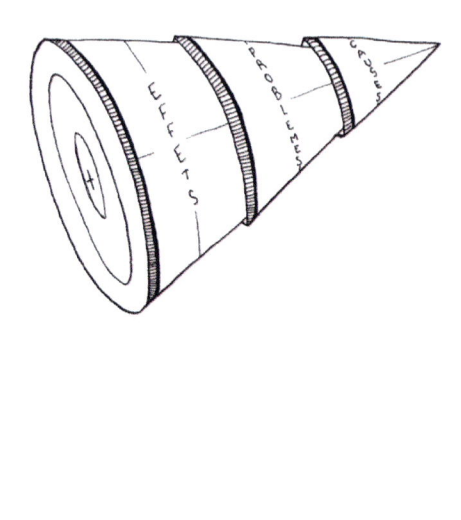

Pourquoi viser les causes quand les effets sont plus simple à atteindre

Figure 13 : Les effets sont devant moi (au présent ou au futur proche) et les causes sont derrière (dans le passé)

Quand il n'y a pas de solution évidente et directe au problème, j'ai besoin d'élargir le cadre de ma réflexion. Par exemple, face à l'invasion de l'Ukraine par la Russie, comment élargir mes perspectives pour ne pas rester dans une impasse ? Deux choix principaux s'offrent à moi, l'approche par les causes ou par les effets.

Comment appréhendons-nous les situations qui nous dépassent ? Cela peut être dans le quotidien, comme un problème relationnel avec un membre de sa famille ou au travail. Nous montrons qu'il est possible de ne pas se laisser enfermer dans nos problèmes avec deux stratégies possibles, celles que proposent les méthodes SPACE SETTING (Vian & Gaulle) et FOCAL (Vian & Sempels).

Quand aucune solution ne parait évidente, ces deux méthodes nous ouvrent des perspectives. Pour les comprendre, imaginons la position d'un observateur qui prend la situation comme elle est et se concentre sur ce qu'elle produit. À la manière d'une cartographie, le processus de la pensée permet de zoomer/dézoomer sur des effets directs que l'on pourrait comparer à des points chauds. Ceux-ci révèlent des potentialités sur lesquelles il peut se concentrer en filtrant une information abondante, afin de discerner des possibilités pour agir à sa portée.

Raisonner par la causalité

Par exemple, une des causes de l'invasion de l'Ukraine est le fait que Poutine considère comme une menace la perte d'influence de la Russie sur les anciens territoires de l'ex-URSS. Au moment où l'on considère cette cause comme plausible, elle est un effet du passé déjà réalisé. Il est donc très difficile de la modifier. Agir sur cette cause ne se fait pas sans une dépense colossale de moyens. De plus, les phénomènes complexes ayant plusieurs causes, on ne peut pas réduire le problème à une seule. Marion Muller-Colard, pense que "le pourquoi n'est pas une direction, c'est un contre-courant, un contre-temps : il fait remonter les choses vers leur révolu, vers un passé où elles n'ont plus de place à prendre. Le pourquoi éloigne trop de l'enjeu du maintenant." [8]

Raisonner avec les effets et non pas les causes

La question qui demeure est : comment agir pour améliorer la situation ? Puisqu'on ne peut pas agir rétrospectivement sur les causes, il nous reste la possibilité d'intervenir sur les effets.

Pourquoi travailler sur les effets ? Les effets se conjuguent au présent ou au futur immédiat. Ils n'appartiennent pas au passé révolu. De plus, ces effets

---

[8] https://www.babelio.com/livres/Muller-Colard-Details-dvangile/1308152

sont des enjeux du problème. Par exemple, quelques effets de l'événement "la Russie envahit l'Ukraine" sont le fait de prendre des décisions pour réduire la dépendance énergétique vis-à-vis de la Russie et souder les Européens. Agir sur ces enjeux, si ces derniers sont dans sa zone d'influence, c'est se donner une chance d'agir sur la situation sans intervenir militairement.

En répondant à la question : "que pouvons-nous faire pour réduire notre dépendance énergétique ?", nous découvrons comment nous pouvons agir sur une de ces conséquences. Nous pouvons le faire si nous avons potentiellement accès à d'autres sources d'approvisionnement, d'autres énergies, ou bien que le choix de la sobriété est raisonnable. Nous privons ainsi la Russie des moyens de financer sa guerre.

Ne pas agir sur les effets, c'est se priver des moyens d'agir sur le problème. Cependant, deux stratégies différentes s'offrent à nous à partir des effets.

Stratégie par les enjeux du problème (méthode SPACE SETTING)

Toute situation posant problème produit des contraintes et des ressources. Si je raisonne à partir du problème, je constate que la guerre génère de l'empathie, de l'altruisme voire de la solidarité en-

-vers les victimes. L'empathie est un moteur que je peux mobiliser pour les aider.

L'avantage de ce cheminement de pensée est de valoriser le positif intrinsèquement généré par la situation, comme c'est le cas de l'empathie. Si l'effet est négatif, comme la menace d'un conflit nucléaire, je travaille à prévenir ce risque par la diplomatie. La diplomatie se situe pleinement dans la zone de contrôle d'un gouvernement.

Cas d'utilisation de Space setting : comment des entrepreneurs confrontés à des variations d'activités lors de la pandémie de la Covid 19 ont su identifier collectivement ce qu'ils pouvaient faire ?

Reconnaître l'inconfort : en pleine pandémie, un groupe d'entrepreneurs souffre de variations d'activité et de ses conséquences sur leur chaîne logistique. Certains sont débordés de travail, d'autres presque à l'arrêt. Parfois des clients commandent beaucoup et leurs fournisseurs ne peuvent pas suivre ou sont eux mêmes à l'arrêt. Les salariés de ces entreprises sont fatigués, inquiets et désorientés.

Voir pour agir : les dirigeants ont ainsi pris conscience collectivement, grâce à la méthode, que si beaucoup de causes et d'effets dépendent de facteurs extérieurs, certains ne dépendent que de leur volonté d'agir. Par exemple, chaque dirigeant a reconnu la possibilité de (1) gérer la peur des équipes en montrant leur capacité de résilience pendant la crise ; (2) réduire autant que possible les frais récurrents ; (3) faire du télétravail l'occasion d'inclure de nouvelles pratiques (par exemple, un temps partiel pour les salariés intéressés) ; (4) favoriser systématiquement la mutualisation des moyens en interne ou avec les clients et les fournisseurs ; (5) diversifier les activités en trouvant de nouveaux débouchés aux moyens existants.

Agir pour transformer : c'est ainsi que les dirigeants ont pu comprendre leur rôle spécifique pendant la crise et prendre conscience de leurs marges de manœuvre. Une tâche facile à mettre en application a été de démontrer aux équipes la résilience dont ils avaient su faire preuve dans le passé, ce qui a permis de les redynamiser malgré l'incertitude.

Stratégie par les enjeux de l'opportunité (méthode FOCAL)

Si les enjeux du problème exposé ont permis de savoir sur quoi agir, penser les enjeux du problème résolu amène à révéler de nouveaux enjeux qui ne sont pas vus a priori. Cela peut paraître surprenant au premier abord, mais il est possible de le démontrer par une expérience de pensée qui ouvre à de nouvelles associations d'idées. Par exemple, j'imagine le problème résolu comme une opportunité : la Russie fait la paix avec l'Ukraine. Qu'est ce qui, dans ce futur résolu, me permet des possibilités d'agir au présent ?

Les effets de l'opportunité sont de baisser l'anxiété des populations, établir une stabilité liée au nouvel équilibre que permet la paix dans la région, développer la production agricole en Ukraine, diminuer la pression inflationniste sur les matières premières, stopper le départ des réfugiés, faire revenir chez eux ceux qui étaient partis, lever les sanctions économiques... Sur lesquels de ces enjeux puis-je agir ? En choisissant par exemple l'effet : développer la production agricole, nous pouvons décider d'envoyer le carburant nécessaire pour faire tourner les tracteurs.

Les avantages de FOCAL ne sont pas les mêmes que SPACE SETTING. Penser en positif permet de s'affranchir du biais de négativité. Il désigne la tendance à être plus affecté par les informations et les éventualités négatives que par celles positives. En plus de l'abandon du biais de négativité, cela permet aussi d'être plus créatif grâce aux nouvelles possibilités qui s'en dégagent. Penser à partir du positif génère plus d'effets positifs, alors que nous l'avons vu précédemment, penser à partir du problème génère du positif et du négatif. SPACE SETTING sera plus adaptée pour limiter les conséquences négatives quand FOCAL sera plus pertinente pour une recherche de possibilités originales.

Garder la possibilité d'agir quelles que soient les situations fait la spécificité de ces méthodes. Comme pour la créativité, elles invitent à une expérience de pensée originale qui nous fait changer de point de vue pour faire émerger des perspectives. Elles offrent la possibilité d'une pensée latérale ouvrant sur un inédit, mais de façon balisée grâce à des étapes qui rendent les deux méthodes partageables et opérationnelles. Elles sont utilisées par des décideurs et analystes lorsque ceux-ci sont confrontés à l'inextricable.

Cas d'utilisation de FOCAL : comment favoriser l'usage du vélo électrique pour désengorger les accès le matin et le soir à Monaco ?

Reconnaître l'inconfort : lors d'un hackathon, la Principauté de Monaco recherchait les moyens de favoriser l'usage du vélo électrique pour désengorger le flux des employés se rendant à leur travail.

Voir pour agir : étant donné la difficulté d'implantation de pistes cyclables dans un espace restreint, le but était d'encourager les déplacements à vélo sans risque dans un flux saturé. Le résultat obtenu a été de proposer la mise en place de « bulles cadencées de vélos ». Le terme de « bulle » est généralement employé pour qualifier une pratique de la police pour faciliter un déplacement de véhicules dans un flux saturé, en raison d'une urgence (par exemple une ambulance) ou de personnes nécessitant un haut niveau de sécurité (par exemple, un chef d'État).

Agir pour transformer : même si le projet n'a pas encore vu le jour, FOCAL a pleinement joué son rôle de révélateur d'idées très originales et réalisables. Notons que les associations qui luttent pour la qualité de l'air étaient très intéressées par ce moyen de réduire les émissions polluantes liées aux déplacements.

2.4. EFFECTUAL GOALS : changer la manière de concevoir ses objectifs et les atteindre dans un contexte d'incertitude

Les points clés :

- Effectual Goals est a priori la seule méthode visant à atteindre des objectifs reliés.

- L'objectif se définit comme un désir exprimé pour un futur souhaité non encore réalisé.

- Les objectifs d'entreprise sont souvent imposés par les chefs et peuvent être vus comme séparés et confiés à des équipes différentes.

- Une alternative à cette approche consiste en 3 étapes : expression d'une pluralité d'objectifs, identification des liens entre ces objectifs et visualisation de synergies de moyens existants pour les atteindre.

Figure 14 : Au départ, je fais avec les moyens qui sont à ma disposition

Figure 15 : Les effets atteints deviennent de nouveaux moyens pour atteindre les objectifs

Figure 16 : Connecter les moyens aux objectifs pour les rendre réalisables

Descartes définit un objectif comme ce « qui constitue un concept, une représentation de l'esprit et non une réalité formelle » (1642). Étymologiquement, ce mot est dérivé du mot "objet" issu du latin objectum (« ce qui est placé devant »). Il est formé du verbe jacere (« jeter ») avec le préfixe ob- (« devant »).

Un objectif est donc la projection d'un désir exprimé, un futur souhaité qui ne s'est pas encore réalisé.

La notion d'objectif imprègne depuis toujours la stratégie d'entreprise. Mais elle est aussi associée à des considérations et pratiques implicites. Nous en avons repéré 4.

1. Répondre à : "Où est-ce que je veux aller ?" et rarement "Où est-ce que je peux aller ?", ou même "Pourquoi y aller ?"

2. Vouloir atteindre un objectif à la fois. Les objectifs sont souvent décomposés pour optimiser l'action. C'est par exemple ce que propose la méthode OKR (Objective and Key Results). Chaque objectif devient indépendant.

3. Les objectifs sont souvent décrétés par le chef, c'est-à-dire le stratège. Ils peuvent être la conséquence d'une étude de marché ou d'un patron visionnaire.

4. La phase d'implémentation est vue comme une tâche subalterne confiée à des managers de deuxième rang.

Les conséquences de ces pratiques sont nombreuses. Elles peuvent être à l'origine de problèmes :

Problème n°1 :

À notre connaissance, il n'existe pas de méthode pour relier des objectifs. Exemple : je veux réduire ma dépendance au gaz et diminuer mon nombre d'articles en stock. Il y a des chances que les deux objectifs soient vus comme séparés et confiés à des équipes différentes. Pourtant, diminuer le nombre de références diminue la consommation d'énergie. En général, on ne cherche pas nécessairement à relier les deux car on considère à tort que cela revient à compliquer le travail des équipes.

Problème n°2 :

Les équipes sont peu motivées car les objectifs sont souvent imposés à ceux qui doivent les atteindre. Les stratèges ne sont pas les exécutants.

Problème n°3 :

Un objectif peut devenir une prophétie autoréalisatrice. Sa simple formulation suffirait pour qu'elle se réalise une fois posée. Dans les méthodes classiques comme OKR, la finalité de l'objectif n'est pas connue. Il se suffit à lui-même.

Problème n°4 :

Les objectifs sont dans un futur hypothétique car on décrète des moyens qui n'existent pas encore. Ceci induit une démarche basée sur l'essai-erreur conduisant au succès ou à l'échec.

Heureusement, une réponse peut être apportée à chacun de ces 4 problèmes. Quelle alternative proposons-nous ? Celle d'une démarche en 3 étapes.

Étape 1 : Expression d'une pluralité d'objectifs

Des objectifs sont énoncés sur la base de futurs souhaités par les membres d'une équipe. L'occasion leur est donnée d'exprimer ce qu'ils ont envie de réaliser, sans oublier les objectifs de l'entreprise elle-même.

Par exemple, nous nous sommes confrontés à cette démarche pour le projet Effectual Impact. Ce projet vise à permettre la compréhension de l'Effectuation et des méthodes effectuales au plus grand nombre.

Les objectifs de l'équipe d'Effectual Impact ont été exprimés ainsi :

- Obtenir des preuves de l'utilité du travail mené
- Obtenir de l'impact
- Que les membres puissent vivre de leur passion
- Obtenir de l'audience
- Organiser une conférence payante
- Obtenir des revenus décorrélés du temps passé
- Récolter les fruits de l'énergie consacrée au projet.

Cette étape permet le partage des objectifs de chacun en les rendant explicites et compréhensibles par tous. Ainsi, nous répondons partiellement au problème n°2 : "Les équipes sont peu motivées car les objectifs sont souvent imposés à ceux qui doivent les atteindre".

Étape 2 : l'arborescence effectuale des objectifs

Montrer que ces objectifs peuvent être reliés entre eux par la logique effectuale.

Obtenir de l'audience permet de vivre de sa passion et récolter les fruits de l'énergie consacrée au projet.

Vivre de sa passion permet d'obtenir de l'impact qui permet d'obtenir des preuves de l'utilité de son travail.

Les fruits de l'énergie consacrée au projet permettent d'organiser une conférence payante qui permet d'obtenir des revenus décorrélés du temps passé.

Cette étape permet d'aligner des objectifs qui semblaient hétérogènes. Leur sens est renforcé. Les objectifs étant reliés, ils ne sont plus indépendants. Cela résout désormais le problème identifié préalablement, à savoir que les objectifs ne sont plus décrétés par le seul chef. Ainsi, les équipes gagnent en motivation. Notons que les problèmes 1, 2 et 3 ont disparu.

Étape 3 : connecter les moyens du présent aux futurs souhaités, c'est-à-dire à l'arborescence effectuale des objectifs

Regarder dans le présent les moyens disponibles au regard de ces objectifs. En déduire des effets atteignables immédiatement s'ils représentent un progrès significatif vers l'objectif souhaité. Pour identifier les moyens, il suffit de répondre aux 4 questions que propose Saras Sarasvathy (Qui sommes-nous ? Que savons-nous ? Qui connaissons-nous ? Que pouvons-nous faire ?)

Qui sommes-nous ? Nous sommes des spécialistes de l'Effectuation et des méthodes effectuales.

Que savons-nous ? Notre capacité de production de contenus (articles et vidéos) permet d'ores et déjà d'avoir de l'audience. Un livre est réalisable à partir des contenus existants.

Qui connaissons-nous ? Le réseau SKEMA nous permet d'accéder à une infrastructure, dont des salles de conférence.

Que pouvons-nous faire ? Organiser une conférence dans les locaux de SKEMA et vendre le livre à cette occasion. Cela constitue un progrès important vers la conférence payante et satisfait aussi le souhait d'obtenir un revenu décorrélé du temps passé.

Une fois que la conférence sera réalisée, une nouvelle itération de l'étape 3 permettra de se saisir des nouveaux moyens de ce "nouveau" présent et ainsi de suite.

Désormais, il n'y plus de futur hypothétique car le présent d'aujourd'hui est relié à l'arborescence des objectifs (étape 2). Ce sont bien les moyens d'aujourd'hui qui permettent un progrès vers le futur souhaité (étape 3). Le problème 4 est donc résolu.

Qu'est-ce que cette nouvelle méthode effectuale permet ?

1. Les objectifs sont mis en synergie autant que possible les uns avec les autres pour un renforcement du sens.

2. L'engagement des acteurs est renforcé en intégrant des objectifs individuels à ceux de l'entreprise. L'individu s'y retrouve et l'entreprise aussi. Cela crée de l'adhésion.

3. Il n'est plus nécessaire de développer des moyens dont on ne dispose pas.

Ceci augmente la faisabilité. La motivation est accrue, car un résultat tangible à court terme est préférable à un objectif lointain hypothétique.

Nous souhaitons que les entreprises puissent envisager la prise en compte d'objectifs selon une approche différente de la pratique courante. Elles ont toutes à y gagner dans un monde devenu très incertain, où le besoin de l'engagement de toutes les parties prenantes est un facteur de succès. Le modèle dominant de l'hypothèse suivi de l'essai-erreur n'est plus en situation de monopole.

Nos futurs souhaités ne doivent plus être oblitérés par un futur hypothétique.

Autre cas d'application de la méthode Effectual Goals : le cas de la publication d'un livre pour enfant avec Chat GPT[9]

Reconnaître l'inconfort : Quentin souhaite développer des revenus passifs basés sur ses passions. Il a aussi besoin de se former aux fonctionnalités d'Amazon KDP (une plateforme d'auto-édition) pour la publication de ce présent ouvrage.

Voir pour agir : Quentin connaît dans son réseau une personne qui fait de la recherche sur l'enchantement par les contes. L'objectif de la recherche est de tester l'impact de l'enchantement. Il a découvert les potentialités de Chat GPT et des générateurs d'images. Comment faire converger les objectifs de chacun ? Ils décident collectivement d'auto-éditer un livre illustré d'histoires pour enfants.

Agir pour transformer : en 4 heures de travail sur 5 jours (perte acceptable), le livre a été créé et publié sur Amazon. Plusieurs autres sont en préparation. Quentin sait désormais comment publier le livre Effectual Impact sur la plateforme KDP.

[9] Cet exemple est un cas simple qui montre comment Effectual Goals fonctionne avec 3 parties prenantes. La méthode devient encore plus utile avec des objectifs multiples de plusieurs parties prenantes, d'où la nécessité de construire l'arbre effectual des objectifs. Une version encore plus simplifiée de la méthode consiste à ne travailler que sur un seul objectif. C'est le cas d'un entrepreneur qui, en général, ne travaille que sur un seul projet à la fois. Cette version mono-objectif est souvent appelée "Fridge Experiment". Elle a montré son efficacité pour concrétiser un projet entrepreneurial sans passer par une levée de fonds.

Figure 17 : Se fixer un objectif et penser que les moyens ne seront pas un problème relève de la pensée magique

2.5. ISMA360 TM, une méthode pour trouver le marché d'une idée nouvelle, d'une invention

Les points clés :

- Innover à partir d'une invention n'est pas facile et savoir quel sera le marché qui va l'adopter ne va pas de soi.

- L'importance de concevoir une offre compréhensible, désirable et légitime.

- La seule méthode pour choisir rationnellement un marché atteignable parmi plusieurs possibles, ceci au moindre effort et en comparant l'accessibilité de chacun.

Figure 18 : Plusieurs marchés sont possibles pour une invention et choisir n'a rien d'évident

Figure 19 : J'ai trouvé un marché accessible au moindre effort et je peux y aller

Innover n'est pas facile et savoir quel marché l'adoptera ne va pas de soi. Si c'était le cas, 73 % des start-ups n'auraient pas à pivoter [10]

Concevoir une offre compréhensible, séduisante et légitime

Pour innover, il faut un produit ou un service, alors que l'invention n'a pas encore sa traduction en offre commercialisable.

Cette traduction n'est pas évidente. Par exemple, une start-up propose de stocker le volume de données d'un Data Center sur 1 gramme d'ADN de synthèse. Doit-elle vendre de l'ADN synthétisé, de la donnée stockée ? La question du produit n'est pas évidente, pas plus que le choix du client. Google est-il un client potentiel ou sera-ce une banque ? Rien n'est clair à ce stade.

Ce problème n'est pas uniquement celui de la high-tech. Par exemple, pour trouver le marché accessible pour la nutrition à base d'insectes, faudra-t-il développer un produit pour les humains, les animaux ou de l'engrais fait à partir des déjections des insectes ?

---

[10] Dans une étude portant sur 10 000 startups, des chercheurs de l'EPFL, une université européenne, ont constaté que "73 % des startups doivent pivoter vers un autre marché au fil du temps, car leur marché initial n'a pas fourni le terrain fertile pour le produit ou le service que les fondateurs avaient espéré."

De plus, une idée nouvelle en rupture consiste à remettre en question un système établi, fait de croyances et de pratiques. Au départ, nous ne savons pas à quoi la rattacher. Il n'est donc pas encore possible de visualiser et de se projeter. L'adoption est aussi difficile parce que les performances ne sont pas encore optimales. Par exemple, au début de l'Internet, trouver une définition d'un mot avec les moteurs de recherche impliquait de devoir allumer son ordinateur (les ordinateurs étaient souvent éteints et nécessitaient plusieurs minutes pour démarrer). Si bien qu'il était plus facile d'aller chercher son dictionnaire sur l'étagère. On voit qu'aujourd'hui les choses ont bien changé. Nous avons accès à des requêtes beaucoup plus complexes avec un assistant vocal comme : trouve-moi le nom du 38ème président des États-Unis. La réponse s'affiche en une fraction de seconde.

Il est difficile de savoir par où commencer et, surtout, quel sera le premier marché ou segment qui saura l'adopter au moindre effort pour l'entrepreneur.

L'entrepreneur aura à manœuvrer face aux détracteurs. Il s'agit des acteurs qui sont déjà en place qui vont tout faire pour essayer de garder leur position si l'invention remet en cause leur activité. Par exemple, les centres commerciaux font face à la montée de l'e-commerce promue par un acteur comme Amazon. Il y aura donc des acteurs à éviter. En d'autres termes, informer les détracteurs n'est pas dans la perte acceptable de l'entrepreneur. Encore faut-il les repérer car le chemin est semé d'embûches.

La première méthode à ce jour qui ne part pas d'une hypothèse de marché

Aucune méthode à ce jour n'aide à choisir parmi les marchés ceux qui sont atteignables facilement. En général, les entrepreneurs appliquent une démarche dite "essai-erreur". J'essaie un marché, si ça marche tant mieux sinon je pivote sur un autre marché et ainsi de suite jusqu'au succès. C'est encore la pratique dominante. Même Lean Startup n'y a rien changé car son point de départ est le choix préalable d'un client potentiel.

Un guide méthodologique en 3 étapes

La première étape caractérise l'invention et ce qu'elle apporte de nouveau (son rôle) à ce que l'on connaît déjà (le contexte de référence). Le résultat de cette étape, c'est un pitch clair en une phrase de la nouveauté devenue compréhensible et communicable.

La deuxième étape, c'est la désirabilité de l'idée ou de l'invention. Ici, la méthode répond à la question : quelles sont les personnes qui ont vraiment besoin de cette nouveauté car ils n'ont pas de solution satisfaisante à ce jour.

La troisième étape analyse la légitimité de l'invention en répondant à la question : est-ce que les personnes pour qui l'invention ou l'idée est désirable seraient prêtes à l'adopter en fonction de ce qu'elles sont et de qui la propose ? N'y a-t-il pas des situations relationnelles qui vont m'empêcher de travailler avec ces personnes ? Elles ont besoin de l'invention, mais pour tout un tas de raisons, il ne sera pas possible de leur vendre ou pour elles de l'acheter.

Une méthode en rupture

Finalement, cette méthode évalue l'accessibilité du marché de l'invention, c'est-à-dire quels seront les segments de marché pour lesquels l'entrepreneur peut espérer un engagement formel. Cette méthode est elle-même une invention qui en est au début de son cycle. Elle est encore peu connue bien qu'utilisée dans des centres d'innovations très prestigieux comme celui de l'Université de Cambridge (ex : St John Innovation Centre). De nombreuses grandes entreprises ou incubateurs sont aussi des utilisateurs réguliers.

Le Mooc ISMA360 est un moyen de découvrir les étapes détaillées de la méthode. [11]

Cas d'utilisation d'ISMA360 : quel marché choisir pour une start-up sophipolitaine travaillant dans l'ingénierie de la lumière avec un dispositif LCOS (cristaux liquides sur une base silicium) compact qui contrôle la direction et la forme du faisceau en temps réel ?

Reconnaître l'inconfort : la technologie brevetée par un laboratoire du CNRS est époustouflante et permet de répondre à des besoins multiples, trop nombreux pour savoir quel marché choisir. Les applications vont de la possibilité d'augmenter la vitesse de la "Google Car" pour scanner la topographie en-

---

[11] https://www.effectuation-france.org/2020/08/17/isma360-effectuation-innovation-mooc/

-vironnante à la possibilité de réduire le coût de fabrication d'un scanner. L'entrepreneur ne sait pas quel marché choisir.

Voir pour agir : en quelques heures d'analyse, 3 segments de marchés accessibles au moindre effort sont trouvés grâce à la logique de la méthode. Il s'agit des sociétés chargées du contrôle de la circulation, les fabricants de projecteurs et d'appareils de divertissement, des fabricants de commutateurs et de routeurs optiques. Ces segments sont accessibles et l'entrepreneur peut le justifier. D'autres ne le sont pas, mais il peut expliquer pourquoi. Enfin des segments sont mis de côté quand l'entrepreneur et son équipe ne disposent pas d'informations suffisantes pour faire parler les matrices de la méthode.

Agir pour transformer : nul besoin d'une analyse exhaustive pour avancer. Les informations issues de l'analyse ISMA360 sont suffisantes pour établir des contacts commerciaux et concrétiser un prototype pour les segments atteignables.

2.6. Synthèse des méthodes effectuales en milieu professionnel

Les points clés :

- Les méthodes effectuales visent à cartographier des interactions non visibles spontanément entre des informations a priori disjointes.

- Une sémantique descriptive permet de relier la subjectivité d'un individu avec un autre pour rendre l'analyse intersubjective.

- Les méthodes effectuales révèlent des informations pertinentes dans une masse souvent confuse. C'est faire du clair avec du flou.

Figure 20 : La réalité telle que je la perçois

Figure 21 : La réalité telle qu'elle est par convention

Figure 22 : La réalité sur laquelle on s'accorde

Telles des lunettes de réalité augmentée, les méthodes effectuales ont montré qu'elles produisaient un état de compréhension augmentée de possibilités qui n'étaient pas vues. Ces méthodes visent à cartographier des interactions non visibles spontanément. Leur seul but est de trouver des possibilités pour agir dans une situation complexe et incertaine. Ces possibilités naissent de nouvelles interactions devenues visibles et désormais explicites à tous.

Pour opérer ces méthodes, une sémantique descriptive permet de relier la subjectivité d'un individu avec un autre. Ceci rend l'analyse intersubjective, condition pour qu'une intelligence collective puisse opérer. Par exemple, un ami de Paul considère qu'il essaie toujours de développer de nouvelles formes de responsabilisation. Un autre dit que ce n'est pas seulement de responsabilisation dont il s'agit, mais de coopération entre les acteurs. Tous convergent vers l'idée que Paul essaie de développer de nouvelles formes de coopération et que la dernière formulation décrit mieux Paul. Une autre personne qui s'ajouterait et qui connaîtrait bien Paul pourra amender la proposition pour une meilleure, sous réserve qu'elle fasse consensus. Une formulation jugée satisfaisante et stable par tous est le signal que la proposition est bien intersubjective. Dès que Paul rencontrera une situation présentant un enjeu de coopération, il saura mieux l'appréhender et en décider.

Figure 23 : Chacun construit sa réalité selon ce qu'il perçoit. Osons partager nos points de vue pour obtenir une vision plus riche, plus complète et plus "vraie"

Cas d'utilisation n° 1 : quand la valeur n'est pas clairement visible

Il est possible de trier l'information dans une masse pour ne garder que celle qui est pertinente. C'est ce que nous appelons un datamining effectual.

La séquence de raisonnement pour rechercher l'information pertinente est la suivante :

1. Recueillir des unités de sens (US) descriptives qui sont intersubjectives dans un ensemble de données textuelles.

2. Associer les US par le lien effectual de telle manière qu'une permet ou contribue fortement à l'autre. Par exemple : l'intelligence émotionnelle permet de prendre en compte les émotions dans la communication avec autrui.

3. Rechercher un effet commun et convergent de l'ensemble des données analysées.

Il existe actuellement 2 méthodes qui répondent à ce cas d'utilisation : ISMA Talents™ et ISMA Concepts (auteur Vian).

ISMA Talents™

Quentin a reçu des lettres de ses proches qui décrivent ses qualités (esprit curieux, peu susceptible, grande capacité de communication, positif, ...). Après recueil des unités de sens (182 qualités) et de leurs associations, nous obtenons ses super-talents (caractéristiques distinctives de Quentin).

Il a été possible d'obtenir 6 super-talents qui sont :

- Entraîner les autres avec lui (68 occurrences)
- S'engouffre quand il voit une opportunité à suivre (65)
- Veut comprendre (15)
- Toujours capable de conceptualiser les choses (11)
- Fait évoluer les autres (11)
- Partage de la valeur est un moteur très puissant (6)

Grâce à l'interaction de ses super-talents et une recherche sémantique intersubjective de ce que permettent tous ses super-talents, nous obtenons sa surcapacité : "Comprendre ce qui se passe autour de lui pour changer les façons de voir habituelles et concrétiser des opportunités de projet".

Voici quelques contextes d'utilisation d'ISMA Talents :

1. RH : Recrutement, Constitution d'équipe, Bilan de compétences
2. Développement personnel
3. Adéquation avec un projet entrepreneurial
4. Reconversion professionnelle

ISMA Concept

Cette méthode rend explicite la valeur d'un concept (un produit, une marque, une idée, ...). Il s'agit de la même séquence de raisonnement que pour la méthode ISMA Talents™. Il existe plusieurs utilisations possibles comme rechercher la valeur produite par une offre de service (la rendre explicite) ou connaître les caractéristiques d'une entreprise qui attire la nouvelle génération.

Avec l'INSEAD, nous avons souhaité identifier la méthode d'enseignement idéale, celle qui motivera le plus un étudiant en école de management. Les étudiants ont produit des lettres pour décrire les qualités attendues de leur enseignement. Il ressort de cette analyse les caractéristiques distinctives (équivalents des super-talents pour ISMA Talents™) des qualités idéales d'un enseignement.

Un cours idéal permet de :

- Aider un adolescent à devenir un adulte responsable qui va développer sa propre personnalité et s'épanouir.
- Apprendre quelque chose qui prépare à la vie future.
- Garder l'attention au maximum du fait d'un professeur passionné.
- Mettre en confiance face à l'inconnu, ce qui a pour effet d'encourager l'initiative personnelle.
- Encourager à rechercher une nouvelle connaissance par soi-même.

Voici la proposition de valeur d'un enseignement idéal que la méthode a permis de révéler : "captiver les étudiants à travers une transmission de savoirs multiples pour leur permettre de se construire". Concrètement, cette nouvelle connaissance permet de mesurer les écarts avec ce qui se fait actuellement et d'inventer les nouvelles formes d'enseignement captivantes permettant à l'étudiant de se construire.

Dans quels contextes utilise-t-on ISMA Concept ?

- Identité collective d'une organisation.
- Marketing de la valeur : identité de marque, comment une marque, un produit, une organisation -

- - est perçue, marque employeur.
- Caractérisation de concepts émergents.
- Repositionnement stratégique.
- Management du savoir.

Autre cas d'utilisation d'ISMA Concept : quelles sont les caractéristiques du manager de ce début de 21° siècle

Reconnaître l'inconfort : une école de management comme SKEMA Business School forme des managers. Mais que sait-on vraiment des évolutions en cours du métier, et des qualités attendues dans un contexte d'incertitude grandissant ? Ces informations sont difficilement disponibles de façon synthétique. Chacun a une idée sur la question mais il n'existe pas de synthèse validée collectivement. L'enjeu est d'adapter les contenus pédagogiques proposés aux étudiants, au risque de passer à côté de la vocation de l'école.

Voir pour agir : lors d'un défi avec des étudiants de licence 3, des données d'enquêtes sont fournies par des personnes en responsabilité au sein de plusieurs entreprises. Celles-ci expriment par écrit leurs attentes du nouveau modèle de manager. Plus de 150 qualités brutes sont recensées. À l'image de la biodiversité nécessaire au vivant, des personnes très diverses sont appelées à coopérer pour surmonter les défis environnementaux, sociétaux et économiques auxquels les entreprises sont confrontées. Il ressort de l'analyse que la qualité première de ce manager est de savoir faire travailler ensemble une grande diversité de profils. Cette diversité est celle de l'identité, de l'âge et de l'expertise propres à chacun. La diversité est un challenge mais cela devient une chance.

Agir pour transformer : cette synthèse est transmise aux partenaires qui ont communiqué les données d'entrée. Ces derniers n'avaient aucune idée de ce qui pouvait ressortir de ce "data mining effectual". Ils pourront désormais disposer de résultats convergents et les communiquer aux ressources humaines. Les étudiants sont maintenant conscients de ce qui les attend à la sortie de l'école afin de mieux s'y préparer.

Cas d'utilisation n°2 : quand la valeur est explicite mais que l'on ne connaît pas encore son usage (ISMA360™, auteur Vian)

Imaginons que je dispose d'une ressource (invention, idée nouvelle, façon de faire différente, brevet, ...) dont la valeur est explicite (ex : stockage d'une grande quantité de données sur quelques grammes d'ADN synthétisé). J'en recherche l'usage approprié au moindre effort et avec un risque acceptable en vue de sa concrétisation. S'agit-il de vendre de l'ADN de synthèse ou de garantir la sécurité des données ? S'agit-il du besoin d'une banque ou d'un Data Center ? Le problème principal que résout l'invention n'est pas évident à ce stade.

Quelle séquence de raisonnement pour commencer à connaître son utilisation ?

1. Recueillir des caractéristiques qui différencient la nouveauté.

2. Rechercher un effet commun et unique de l'ensemble des caractéristiques. Exemple : stockage de données (le rôle) sur de l'ADN synthétisé (le contexte).

3. Rechercher les enjeux auxquels l'effet commun répond. Exemple : réduire le risque de perte d'actifs des clients, réduire les émissions de CO_2 liés au stockage de données, ...

ISMA360 est particulièrement adaptée aux contextes suivants :

- Trouver le marché accessible d'une invention définie : innovation technologique, innovation de modèle économique, innovation d'usage.
- Rechercher des partenaires stratégiques.

Cas d'utilisation n°3 : quand le problème et ses enjeux ne sont pas clairs (Space Setting, auteurs Vian et Gaulle)

Nous sommes souvent confrontés à des problèmes complexes. Nous avons besoin de savoir ce qui pose vraiment problème et surtout de rechercher les zones que nous contrôlons. Le problème, c'est le problème.

Séquence de raisonnement pour clarifier le problème :

- Partir d'un problème de départ.
- Rechercher des effets du problème.
- Associer les effets entre eux par le lien effectual.
- Déduire les zones de contrôle parmi ces effets. Ceci aura permis de redéfinir le problème de départ autour de quelque chose que je maîtrise.

Voici quelques exemples de contextes d'utilisation de Space Setting :

- Projet bloqué.
- Problème clair récurrent sans solution évidente.
- Communication de crise.
- Gestion de l'incertitude.
- Problème pas clair (difficile à identifier).
- Intrapreneuriat.
- Extrapreneuriat (spin off).

- Obsolescence d'un produit ou d'un service.

Cas d'utilisation n°4 : quand le problème est clairement établi mais que la solution semble impossible (FOCAL, auteurs Vian et Sempels)

Cette fois-ci, le problème est bien posé et je recherche des possibilités d'actions originales parce qu'il n'y a pas de solution évidente. Maintenant, le problème, c'est la solution.

Séquence de raisonnement de FOCAL :

- Partir d'un problème de départ bien posé ou intersubjectif.
- Transformer le problème en opportunité (le problème en positif).
- Rechercher des effets de l'opportunité.
- Associer les effets entre eux par le lien effectual.
- Déduire les zones de contrôle parmi ces effets.
- Rechercher des pistes d'actions en répondant aux deux questions : que sais-je ? et que puis-je faire ?

Quelques contextes d'utilisation de FOCAL :

- Boite à idée, sous forme d'un "escape game", d'un projet bloqué ou en difficulté pour trouver des pistes d'action.

- Manque de ressources pouvant conduire à l'abandon d'un projet

Cas d'utilisation n°5 : quand chacun a ses propres objectifs et que nous pensons à tort ne pouvoir poursuivre qu'un seul objectif à la fois (EFFECTUAL GOALS, auteurs Vian et Tousart)

Cette méthode est la 6° et la dernière-née. À notre connaissance, Effectual Goals est la seule méthode visant à atteindre des objectifs reliés. Notons que les objectifs d'entreprise sont souvent imposés par les chefs et peuvent être vus comme séparés et confiés à des équipes différentes. Une alternative à cette approche consiste en 3 étapes : expression d'une pluralité d'objectifs, identification des liens entre ces objectifs et visualisation de synergies de moyens existants pour les atteindre.

Quelques contextes d'utilisation d'EFFECTUAL GOALS :

- Concertations sociales et définition d'objectifs.
- Économie de moyens pour atteindre des objectifs ambitieux.

Bien que ces méthodes s'appliquent à 5 cas d'utilisation, elles se combinent de façon modulaire. Par exemple, une idée inventive trouvée avec FOCAL

De même, après un ISMA Talents™ :

- Soit je veux résoudre un problème à partir de ma surcapacité. Elle peut aider à définir une zone de contrôle que j'aurai trouvée avec Space setting.
- Soit je veux rechercher un problème auquel je peux répondre avec ma surcapacité (ISMA360™).

Avec ces méthodes, nous sommes désormais outillés pour affronter les situations floues créées par la surabondance des informations. Elles fonctionnent comme des filtres qui permettent de rendre une information manipulable alors que son abondance initiale saturait nos capacités cognitives.

Conclusion

Les points clés de la conclusion :

- Les méthodes effectuales permettent d'avancer dans des situations complexes et incertaines en trouvant des possibilités pour agir.

- Il est important de démarrer un projet en utilisant ce que l'on a sous la main, sans attendre la solution idéale.

- Il est essentiel de travailler en coopération avec les autres pour mener à bien un projet.

Nous espérons que ce livre vous a donné l'envie d'agir et, pourquoi pas, d'entreprendre de changer le monde à votre échelle.

Toutes les méthodes qui ont été décrites dans ce livre sont basées sur une capacité à construire des arborescences effectuales compréhensibles par vous et par les personnes que vous souhaitez embarquer dans vos projets.

L'association des moyens et des effets, c'est la fonction cognitive de base des méthodes effectuales.

Elle permet de répondre à la question : "J'ai envie de démarrer mais je ne sais pas vraiment comment ?"

Pour essayer, imaginez que vous avez une journée de libre. Regardez votre environnement immédiat, ce que vous avez sous la main. Quelles sont les ressources contenues dans la situation ? Démarrez un projet avec ce que vous avez, tout en le limitant à votre perte acceptable. À la fin de la journée, quoi que vous ayez fait , vous aurez progressé.

Changer le monde commence par un premier pas en apprenant à porter les nouvelles lunettes dont nous vous avons parlé dans le livre. Se concentrer exclu-

-sivement sur les ressources à disposition et lancer des conversations engageant les autres. Ces interactions vont générer de nouvelles ressources et de nouvelles envies que vous pourrez ajouter à votre projet pour le faire avancer ou le faire évoluer, selon votre volonté et les engagements que vous obtiendrez. Le processus est itératif. Il n'y a pas de situation même inextricable qui empêche d'agir.

Entreprendre, ça s'apprend et vous pouvez le reproduire.
Il existe des comportements spécifiques qui vous permettent d'agir sans tout planifier et sans pour autant procéder à une marche au hasard. Depuis 20 ans, nous en avons tiré 6 méthodes.

Nous pouvons résumer ce livre en 3 clés fondamentales. Les 3 principes clés de voûte que nous avons proposés se résument en :

1. Ce sont vos certitudes et non pas vos hypothèses qui doivent guider votre action.
Inspirez-vous de Saint Thomas, ne croyez que ce que vous voyez.
C'est cela, partir du certain pour agir dans l'incertain.

2 - Concrétisez votre idée avec ce que vous avez sous la main.

N'attendez pas la solution idéale qui sera toujours une bonne excuse pour ne pas concrétiser votre projet.
C'est ça le concept : "Fait est mieux que Parfait"

3 - Ce n'est pas seulement vous OU les autres, mais vous ET les autres.
L'ouvrage devient alors collectif.
Rien ne se passera sans vous, mais rien non plus sans les autres.
C'est cela, se comporter en leader coopératif avec son éco-système.

Dans quels cas utiliser ces méthodes ?

Vous êtes confrontés à des problèmes complexes ? Vous souhaitez innover ? Vous souhaitez créer votre activité ou la réinventer ?

Rejoignez la communauté, formez-vous, expérimentez.

Ces méthodes ont été éprouvées, certaines depuis de très nombreuses années, et nous avions à cœur de les rendre accessibles au plus grand nombre. C'est pourquoi nous avons choisi d'écrire ce livre.

Rejoignez-nous ! Lancez-vous ! Changez le monde avec nous !

Schéma de synthèse des méthodes effectuales

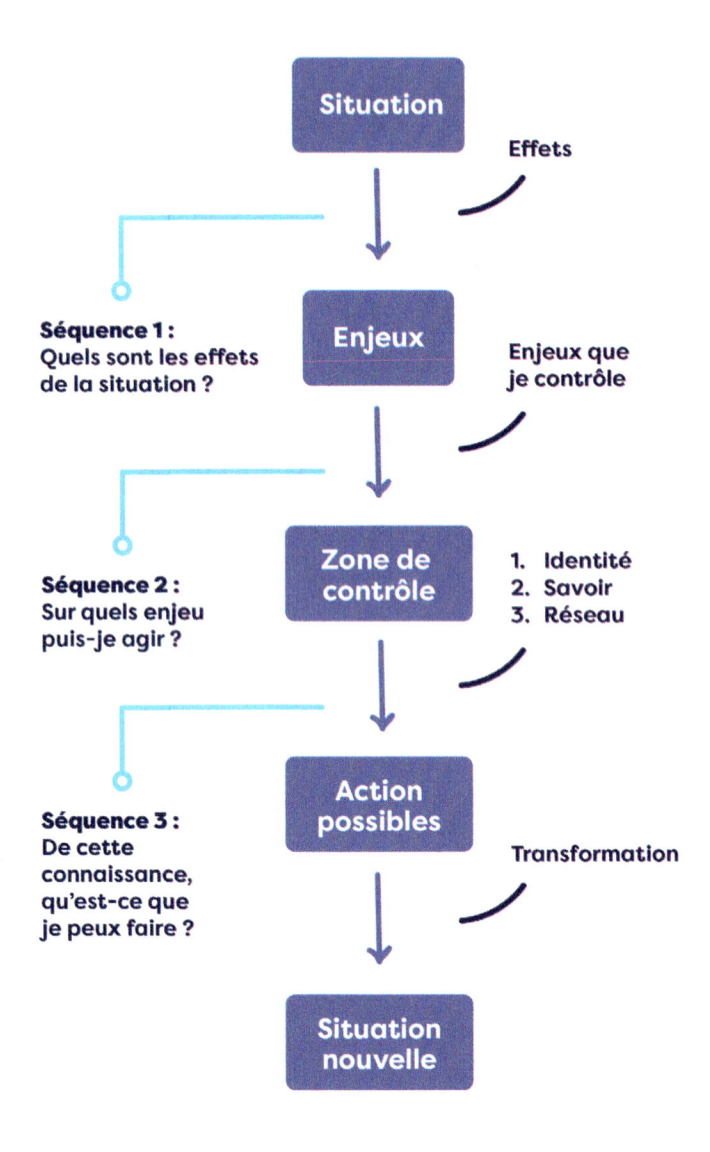

Séquence 1 :
Quels sont les effets de la situation ?

Séquence 2 :
Sur quels enjeu puis-je agir ?

Séquence 3 :
De cette connaissance, qu'est-ce que je peux faire ?

- Situation
  - Effets
- Enjeux
  - Enjeux que je contrôle
- Zone de contrôle
  1. Identité
  2. Savoir
  3. Réseau
- Action possibles
  - Transformation
- Situation nouvelle

Figure 24 : Schéma de synthèse des méthodes effectuales

Mes notes :

Printed in Great Britain
by Amazon